企业人才孵化器

人才培养项目设计与实施

李恩怀 张婷 罗霞 著

电子工业出版社.

Publishing House of Electronics Industry

北京·BEIJING

图书在版编目（CIP）数据

企业人才孵化器：人才培养项目设计与实施 / 李恩怀，张婷，罗霞著. —北京：电子工业出版社，2020.8

ISBN 978-7-121-39264-1

Ⅰ．①企… Ⅱ．①李… ②张… ③罗… Ⅲ．①企业管理－人才培养 Ⅳ．①F272.92

中国版本图书馆 CIP 数据核字（2020）第 132811 号

责任编辑：晋　晶　　　　　　特约编辑：田学清
印　　刷：三河市君旺印务有限公司
装　　订：三河市君旺印务有限公司
出版发行：电子工业出版社
　　　　　北京市海淀区万寿路 173 信箱　　　　　邮编 100036
开　　本：720×1000　1/16　　印张：13.75　　　字数：204 千字
版　　次：2020 年 8 月第 1 版
印　　次：2020 年 8 月第 1 次印刷
定　　价：59.00 元

凡所购买电子工业出版社图书有缺损问题，请向购买书店调换。若书店售缺，请与本社发行部联系，联系及邮购电话：（010）88254888，88258888。

质量投诉请发邮件至 zlts@phei.com.cn，盗版侵权举报请发邮件至 dbqq@phei.com.cn。

本书咨询联系方式：（010）88254199，sjb@phei.com.cn。

前　言

2017 年，我去杭州参加《培训》杂志举办的培训行业大会，全国各地的培训专家、咨询公司和企业培训负责人济济一堂，一起分享和探讨中国企业的培训与人才培养的方法和经验，以及未来的发展趋势。3 天的活动下来，总共有几十场来自几百位培训同行的分享，我大概听了十多场，主要是不同领域、不同模块的培训理论分享。对于培训专家和咨询公司的培训方法论分享，我最大的感受——我们的培训与人才培养方法，都来源于或借鉴了世界上先进的理论，主要引进了美国的相关理论和实践研究。这些理论和研究有的来自哈佛，有的来自耶鲁，有的来自斯坦福，有的来自埃里克森。几乎没有听到一位专家或一家机构说，其方法论来自中国的实践和研究。

也许因为我很少参加这种行业大会，所以那一刻我很惊愕。中国改革开放 40 多年，在企业人才培养领域，大多还都是"拿来主义"。我们有很多优秀的企业、优秀的实践、高科技的成果，而我们在企业人才培养的基础理论研究上，却很少沉淀，很少有人投入时间和精力来做有关这方面的基础性研究。我非常认可西方科学研究的精神、方法与成果，他们持续、专业的研究确实是值得我们学习和借鉴的，但是同时我们也需要思考——自身是否也到了开始自行研究的阶段？

当然，任何事情都需要放在一个更大的环境中，人们才能对其有更清晰的认识、更客观的评价。中国企业培训的发展是伴随着中国企业成长与社会发展而逐步进化迭代的。目前，已经到了研究和沉淀适合我们自己的理论与方法的时候了。

差异性：中国企业发展与西方企业发展具有很多的相似性，但同时也具有更多的差异性。

我们一直推崇的欧美企业，大多经历了早期的农业时代、中期的工业时代、现代信息时代的逐步演化，所以整个西方发达国家都很注重契约精神。在企业中，无论是雇主还是雇员，都有基本的管理准线，由此极大地降低了管理成本。西方管理的重心，除了制度的建立，更多的在于市场环境的研究与产品的创新。

中国企业，随着中国的改革开放而快速崛起，大量企业雇员最初是从农民转化而来的。整体来看，中国企业一下子从农业时代大踏步地跨过了工业时代，而直接进入了现代信息时代，就像一个孩子没有经历过少年时候的规则期与叛逆期，一下子就迈入了成年。这带来的结果，对于个体来说，缺失的是规则的建立与成长过程中关于亲密关系的深度感悟；对于企业来说，缺乏的则是契约精神，所以在如今的职场中，裸辞现象时有发生。由此我们应认识到，中国企业的管理重心，不单单是解决市场与技术问题、建立规则制度，更重要的在于引导大家遵守规则。

因此，中西方企业人才培养的方向是有差异的。

紧迫性：如今中国企业的环境已经发生巨变。且不说几十年前与如今的巨大差异，即使 10 年前与如今相比也是有颠覆性改变的。

2018 年 5 月，吴晓波发表了一个演讲：10 年好像并不遥远，但是站在 2018 年的 5 月回望 2008 年的 5 月，你会发觉很多事情的变化是 10 年前根本难以想象的。比如，10 年前没有智能手机，乔布斯还活着，当时全世界最大的手机制造商是谁？诺基亚。如今它已经倒闭了，倒闭的时候其全球总裁在最后一次新闻发布会上说："我们倒闭了，我们好像什么都没有做错，但是我们今天就倒闭了。"10 年前没有微信，甚至 10 年前没有微博，10 年前没有天猫，10年前没有小米，10年前没有共享单车，10年前没有今日头条、滴滴打车、美团和大众点评。10年前京东的销售额是10亿元人民币，2017年的销售额是1000亿元人民币，10年涨了100倍。10年，中国发生了很大变化，经济总量增长2.5倍，人民币规模总量增长3.25倍，外汇储备增长1.5倍，汽车销量增长3倍，电子商务在社会零售总额中的占比增长了13倍，世界500强中国公司从33家增至115家，高铁里程增长183倍，城市化率提高了12个百分点，北京十亿美元富豪数超过纽约，深圳房价涨了4.7倍，阿里和腾讯交替成为亚洲最大市值公司……

随着社会的发展、科技的进步，中国经济的发展也开始由人口红利向供给侧改革转型。站在企业的视角，一切的转变最终带来的是人的改变，人的动机、需求、学习方式都在变化。

在资源方面，目前中国的培训行业基本上不缺培训资源。中国企业的培训，早已由"卖方市场"转变为"买方市场"，从最早对于余世维"执行力"的推崇，到"上接战略下接绩效"的落地执行，再到如今移动端培训资源与平台如雨后春笋般爆发。从课程内容资源、学习平台资源到运营管理资源，对于培训来说，缺的不再是资源本身而是培训项目组的资源整合能力。我们曾经收到过这样一个培训需求："你们有什么比较稀奇的课程吗？因为市面上绝大多数的课程，我们都听过了。"

在心态方面，企业培训早已从稀缺变成了泛滥。因为资源的丰富，我们也早已从一开始听见有培训就激动、兴奋，到现在很多企业员工对培训显得十分淡然，甚至不愿参加培训。培训，早已从激励、福利过渡到了强制性制度。

在效果方面，从实际结果来看，虽然不能说培训没用，但现实是上了很多课并没有带来太大的价值。我们上了很多课，无论是人均覆盖率还是人均课时数均达到了很高的指标，甚至到了"市面上绝大多数的课程我们都上过了"的程度，但是绩效仍没有明显改变。

可行性：从中国企业的发展阶段来看，中国很多大规模企业都已经从初创期进入了扩张期，部分企业甚至已经到了转型期或衰退期（见图 0-1）[①]。1984 年被称为中国企业的元年，从企业的生命周期来看，经过三四十年的发展，中国企业基本上已经经过了一个轮回。在企业成长的整条生命线上，对于企业"一生"的经历，我们已经有了小样本的数据。对于企业不同发展阶段的内在动力源，我们也有了基本的积累。结合我们所学习到的研究方法，我们完全可以进行基于中国企业需求的培训理论研究。

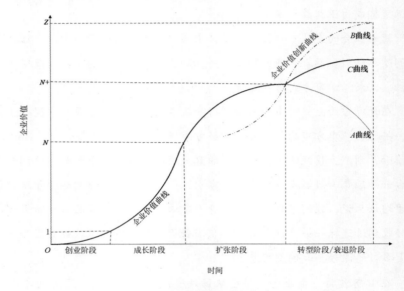

图 0-1　企业的生命周期

我本人长期从事人才培养。从营销到管理，从单次培训到整个人才项目，基于大量的培训实践，我们对成功与失败的经验进行了总结提炼。从 2012 年开始，我在中科院心理所连续学习了 5 年心理学，在此期间有幸接触到了教育学与心理学对于人的研究。我发现人的学习过程与规律研究的核心

---

① 资料来源：路江涌. 共演战略：重新定义企业生命周期. 北京：机械工业出版社，2019：86.

理论与我们在企业中进行人才培养所遵循的底层逻辑基本一致，于是我们开始从心理学的角度对人才培养方法论进行研究和建模，核心在于研究"人是如何学习的""如何进行更高效的学习""企业应该如何培养人""如何更高效地培养人以适应企业快速发展对于人才的需求"。这些研究可以帮助企业"高速上换胎"，最终实现企业的可持续发展。

在方法论的研究与迭代过程中，我们逐步形成了人才培养的方法论，并且在理论成果的基础上再次进行了大量的人才项目实践，通过实践验证了这些方法的可行性，使方法论在实践中不断优化迭代。我们通过线上、线下多个渠道与平台进行了分享，均获得了高度好评。最终，我们决定将零散的分享、实操的方法与经验整理成册，希望能够将这些思考与实践经验系统地分享给需要的人，与大家共同成长，一起为人才培养、为中国企业的发展、为伟大的中国梦，贡献自己的力量。

无论是我们的理论研究，还是我们的实践样本，都是有限的。因此，我们正与高校的心理学专家沟通，希望能够建立学习技术研究中心，从而更科学、更系统地研究成人学习的规律与有效方法。我们更期望通过不断分享，能够激发整个行业对于企业人才培养的深度思考，进一步完善适合中国企业人才培养的方法论，进一步丰富具有中国特色的人才培养项目案例。

也许，这件事是我们这一代培训从业者的责任。

没有人赋予，只是我们自己给自己的使命！

我们深信这件事对于行业和社会的价值与意义，应该远不止于此。

目　录

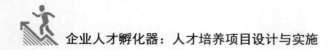

第一章

Why & What 缘起：
人才培养项目的出现

第一节　中国培训的发展

中国培训市场的发展伴随着中国企业的成长而逐步成熟。

1984 年被称为中国企业的元年，这一年邓小平同志南下，打开了一扇窗；这一年张瑞敏接手了青岛电冰箱总厂，王石在深圳闯荡，40 岁的柳传志决定告别每天读报的清闲生活。此时，企业在中国还只是一个雏形，培训还无从谈起。

企业对于培训认知的变化，很重要的一点体现在培训市场的发展上。中国的企业培训是在 20 世纪 90 年代初期由外资企业引入的，因为那个时期国内企业主要的人力资源需求都是以体力劳动力需求为主的，而外资企业进入中国后发现没有足够多的高素质人才支撑其发展，便建立了自己的培训部门以培养合格的员工。20 世纪 90 年代末，民营企业和外资企业迅速发展，急需专业的知识技能帮助企业员工成长，于是企业开始加强培训。与此同时，培训市场诞生了。2000 年伊始，中国企业蓬勃发展，企业开始重视各种人才的培养，包括专业人才、管理人才、综合人才及全员的基本素质的培养。企业对于人才的需求，倒逼了企业培训部门与中国培训市场的发展。

中国企业对于培训的态度经历了以下几个阶段。

第一个阶段，不需。供需市场发展初期，最基本的劳动力就是生产劳动力，这个阶段企业不需要通过培训来强化员工的技能水平。因为这时员工所需的技能都是一些较为简单的操作技能，以传统"老带新"的方式便能满足企业需要。

第二个阶段，不信。随着生产力的快速发展，企业员工的职业素质逐渐落后于企业发展的需要，企业管理层逐渐意识到自身的培训需求。整体员工的职业素质跟不上企业的发展需求，培训成为提高员工职业素质的备选手段之一。但是培训是否能够真正解决问题，对于全靠拼搏闯荡出来的管理层来说，既没有亲身体验，也没有成功经验可以借鉴，加之培训市场的不成熟导致培训讲师和课程良莠不齐，偶尔一次的糟糕体验，都会让整个企业界对培训的价值完全否定。

第三个阶段，盲信。外资企业曾经成为很多大学毕业生的首选，大量优秀人才因此流向了外资企业。外资企业的快速发展使中国民营企业逐渐意识到，企业要发展就需要对员工进行培训。中国民营企业从对标外资企业的经验中看到了培训的价值，特别是当自身经营遇到挑战而找不到更好的解决方案时，培训一下子就成了"救命稻草"。因为缺乏专业性指导，企业并不清楚自身适合的培训类型，从而就形成了"市场流行什么就培训什么，什么先进就培训什么"的局面，这造成许多企业资源的浪费，甚至使企业发展面临危机。只要企业遇到问题，首先想到的就是找个"大师"来讲讲，希望听完培训，业绩能立马提升。部分企业甚至完全照搬讲师传授的经验，从而导致企业内部管理混乱。

第四个阶段，理性。经过一个成长期，中国企业得到了快速发展，特别是互联网的崛起，让某些行业和领域的中国企业成为领导者，企业更加规范，也受到了越来越多的人才青睐。随着中国高校教育不断培养出大量高素质人才，企业员工的综合素质得到了极大提升，基于教育本身得到的回报，企业更加重视学习和培训。这个时期的培训逐渐规范化，有了专业性的指导方案，企业培训不再进行盲目培训，而是根据自身需求寻求针对性的培训方案，真正实现了"培训助力企业发展"。

经过近30年的发展，中国企业对于培训的认知经历了从"不需"到"理性"的过程，而这个过程带给中国企业的较大价值，其实是改变了企业对于培训价值的认知，使企业认识到培训能够助力企业的可持续发展。但是直到近10年来，除个别企业外，整体来说企业的培训还是相对零散的。常见的现象，如企业举办了很多场培训，而这些培训之间没有衔接，每一场的培训只注重培训时的顺利举办，而缺乏对于培训本身的系统认知。所以，企业培训部常见的考核指标是全员的培训覆盖率与人均课时数，而对于单次培训的评估，不是评估学员是否学有所获，而是评估学员是否满意这场培训的安排，对于培训本质来说这就本末倒置了。因此，当企业预算紧张时，首先砍掉的便是培训的预算。导致这个结果的原因除有决策者的认知问题外，关键还是在于培训本身的价值没有得到直接体现。

第五个阶段，系统。到了2010年以后，随着整个社会对于培训的重视，特别是国家层面开始强调学习强国，企业特别是央企对于培训的投入开始持续加大。整个社会开始崇尚学习，学习市场得到了极大发展，无论是线上还是线下，学习资源都越来越丰富。这个时期，部分企业开始思考和探索培训的系统性。培训资源的极大丰富，使学习可以随时随地进行。然而，听了很多课，也参加了很多培训，企业的绩效仍然没有得到明显改善，员工的行为也没有发生改变，个人素质也几乎没有得到提升。于是，中国很多企业开始对培训进行系统性探索，包括培训体系的搭建、"学习地图"、组织智慧萃取、案例开发、课程开发等学习输入资源的系统性开发，以及行动学习、"私董会"、圆桌会议、"世界咖啡"、"教练技术"等学习方式的探索。这些系统性地开发和探索让中国企业培训迈上了一个新的台阶。

第二节　当代企业与人才的挑战

培训的核心职责是提升企业在职人员的整体综合素养，为企业的长期可持续发展提供优质而充足的人才保障。要想培训落地，我们就要更清晰地看清培训在当前环境下的挑战，需要从更高的高度来分析，即首先需要理解当前企业管理与人才管理的挑战。

对于当前企业管理的挑战，我们从外部环境与内部管理两个方面进行简要分析。

一、外部环境：中国整体人口红利消失，市场竞争突破边界

（一）中国整体人口红利的消失

消费者的数量是任何一个市场及所有企业业绩的关键，放大到一个国家市场，就是一个国家的人口数量。

中国 2011—2019 年出生人口统计数据如图 1-1 所示[①]。

图 1-1 中国 2011—2019 年出生人口统计数据

图 1-1 中的出生人口统计数据体现了国家计划生育政策的不断调整。其中，2011 年 11 月，中国各地全面实施"双独二孩"政策；2013 年 11 月，《中共中央关于全面深化改革若干重大问题的决定》提出"启动实施一方是独生子女的夫妇可生育两个孩子的政策"；2016 年 1 月 1 日，中国正式实施"全面二孩政策"，原计划会有第四波婴儿潮，部分专家预测二胎放开后每年出生人口峰值将达到 4995 万人。实际上，2016 年的出生人口成为近 10 年来的最高点，但也不到 2000 万人。

多年的计划生育政策导致中国"90 后"和"00 后"的人口数量，和国家的总人口数量相比要低很多。老年人口的比例急剧上升，给中国社会与市场

---

① 资料来源：http://data.stats.gov.cn/search.htm?s=出生人口

的发展带来巨大而深远的影响。基于此，一方面，由于人口红利的整体消退，消费市场将趋势性变小，市场竞争日益加剧；另一方面，若只考虑人口数量因素，就会导致企业人工成本上升，企业利润将整体性下降。

（二）市场竞争突破边界

随着互联网的发展与迭代，移动网络、云计算、物联网等新兴技术迅猛发展，整个社会的发展与更新速度急速提升。

通信运营商发现，原来腾讯才是他们的竞争对手；瑞星杀毒收费，360杀毒全免费，让整个杀毒市场发生了翻天覆地的变化；近些年，康师傅和统一方便面的销量下滑，不过它们的对手不是白象、今麦郎，而是美团、饿了么等外卖；口香糖销量的下滑不是因为益达、绿箭、曼妥思等品牌的竞争，而是因为微信、王者荣耀，因为在超市收银台这个消费场景中，过去顾客在排队等待结账的时间通常会往购物篮里拿上两盒口香糖，而如今大家都在刷朋友圈、玩王者荣耀；黑车，一直是很多城市的顽疾，最后解决这个问题的不是城管，而是滴滴打车与共享单车；据说近些年电台节目的收听率在下降，究其原因，竟然是因为收听电台节目的主力军——出租车司机需要专心抢单而顾不上收听电台节目，而私家车需要听导航也关闭了收音机；打败银行的，不是别家银行，而是支付宝和微信支付；街头的警察没有变得更多，而扒手却越来越少了，消灭扒手的，竟然还是支付宝和微信支付，越来越多的人口袋里没有了现金，扒手逐渐失业。诸如此类，不胜枚举。

社会的发展催生了新的商业模式，社会产业整体升级，且整体升级速度要快于以往的时代，同时资本得以快速积累。由此导致企业的竞争壁垒降低，无论是资本层面、技术层面、人才层面，企业的竞争对手都不再仅仅局限于本行业。原来的"大格局"——跑赢行业、跑赢大盘，将沦为一种"狭隘"。

所有外部环境的变化，对于企业来说，都将成为企业内部管理的挑战和机遇。

二、企业管理：用户需求个性化，产品供应链管理复杂化，员工价值观多元化

企业管理是一个复杂而系统的课题，在此我们只进行简化分析。

（一）用户需求个性化

截至 2019 年 6 月，中国网络购物用户规模达 6.39 亿人，手机网络购物用户规模达 6.22 亿人。随着互联网的发展，智能手机的普及，以及 4G 网络与 5G 网络的发展，中国市场的消费者获得了更多的消费渠道与信息获取渠道。

更多的消费渠道，让用户有了更加多元化的选择，包括品类、品牌、门店等都变得更加多元化。而这种多元化，对于企业来说体现为用户忠诚度的下降。消费选择的多元化与用户忠诚度的下降，带给企业的直接挑战是企业销售成本的增长。以电商为例，淘宝、京东等获客成本早已超过百元，而淘宝、京东作为电商平台，最终一定会将这些成本转嫁到厂商头上。

更多的信息获取渠道，让用户需求更加个性化，由此带给企业的也是整体成本的上升。

（二）供应链管理复杂化

为不同的用户提供个性化的产品和服务必然会形成一个复杂的供应链系统，这可能是一个由全球性供应商、分包商、各地工厂、仓库、物流商、客户、代理商、售后服务等组成的一个庞大的系统。

供应链这样一个庞大的系统错综复杂，尤其是当这个庞大的系统出现问题时，很难快速找到问题的根源。在供应链内部，主要的风险有信息传递错误、采购或物流中断、仓储管理混乱、物料计划紊乱等；在供应链外部，市场的不确定性、行业和经济的周期性、政策和法律风险及自然灾害等不可抗风险，都会使供应链受阻或中断。

庞大的供应链系统会导致整个企业效率的低下，主要体现为应对销售端

的响应速度滞后、产供销的不协同，由此还将带来企业管理成本的上升。物联网与大数据，从技术上极大地解决了供应链系统的复杂性，但是传统企业实现数据化，这个问题本身便是一个极大的挑战。

（三）员工价值观多元化

相关研究报告表明，"90后"在国企、民企、跨国公司中的离职率很高，这一代人的特质、自尊、需求、期望、资源、价值观和他们父辈有很大不同。时代变了，环境变了，企业也在变，当前企业管理的趋势是去中心化、扁平化，充分发挥个人的潜力，企业要做到公正、公平。企业若不进行组织架构、业务流程、考核机制的变革，将很难吸引年轻人。

如今，"90后"的择业观与过去大不相同。"70后"普遍家庭条件不富裕，他们通过勤奋、不断打拼和努力去改变命运，众多"70后"企业家每天工作14~16个小时；"80后"大多接受了比较完整的教育和系统的培训，养成了自我认知、自我激励、勤奋工作的行为和习惯；"90后"则大多出身于较优越富裕的家庭环境里，父母给予他们很多，他们接受了完整的教育，形成了自己的价值观。

在很多"90后"心目中，人生目的不是因为生存而生存，因此要选择自己喜欢的职业，要做有意义的事，同时还要给社会带来价值。长江后浪推前浪，新一代的年轻人充满活力，拥有判断力。企业要变革，就必须用新时代的价值观培养、激励新一代年轻人，而不仅仅是强调外在物质刺激，更要把外在物质刺激和内在精神激励结合在一起，激发他们内心的工作热情和社会责任。

无论是外部环境的应对，还是内部管理的提升，最终都将落脚到人的身上。由此，未来企业管理对于人才提出了更高的要求。

综合性。100多年前的社会分工论，影响了如今全球的专业教育模式，也形成了如今企业组织架构的形态。但是时至今日，人才的综合素质已成为企业的整体竞争力。对外，面对日趋加速的社会变化，不确定性成为常态，综合性素质成为不确定性环境下解决不确定性问题的大概率保障；对内，基于用户需求为中心的研产供销服的统筹协调，依赖于综合素质较高的人才。

学习性。企业内外部环境的快速变化，需要企业员工能够快速学习成长以适应变化，这便要求员工应具有更强的学习能力，以对冲未来的不确定性。特别是人工智能的到来，无论是为了找到不可替代性的价值，还是为了适应人工智能时代，都离不开学习与快速学习的能力。即使供应链管理借助了大数据，也需要高素质的人才管理。因为大量数据被处理后才可为企业所用，即使有再好的预测系统，不良数据也会对结果造成影响。据估算 30%～60%的订单会因预测不准确而需要人工干预。

创新性。人口红利的消失，新技术的出现，让"跨界打劫"成为常态，让整个社会的竞争加剧。企业要想成为"百年老店"，需要不断在企业到达生命曲线的"失速点"之前，找到具有创新性的第二曲线。

只有清楚了企业管理的挑战与人才的需求，我们才能找准人才培养的方向。

第三节　应运而生的人才培养项目

随着中国培训市场的蓬勃发展，培训的形式逐渐丰富和多样化，其中包括行动学习、案例教学、翻转课堂、"私董会"、"世界咖啡"、"教练技术"、微课、直播等，培训形式的种类明明已经够多了，为什么还需要将培训做成一个项目呢？我们仅从人才培养的角度进行分析。

其实原因非常简单，以终为始的考虑：培训的目标是期望学员有所提高，那么仅仅通过一堂课，他能够完全掌握相关内容吗？非常难。从统计的结果来看，更准确的说法应该是一堂课中的绝大部分内容是没有被掌握的。一堂课，基于学习目标，如果学员能够达到20%的吸收和转化，就已经非常了不起了。

从学习内容分类来说，我们把所有要学习的内容可以分为知识、技能、意识。知识类的学习目标是"记住"，一堂课那么多知识点所有学员都能够记住吗？对于技能来说，学习目标是"会做"，一项技能的掌握需要经过 1-7-2 法则的训练。一堂课上，讲师对于所有技能的示范是有可能做到的，但是不太可能所有人都有大量刻意练习的机会，更不太可能每位学员都能获得讲师的针对性反馈与辅导。对于意识来说，体验与案例是改变意识的更好方式。也许课堂上是可以设计体验与案例的，但是我们意识深处那些已经养成习惯的认知，单靠课堂上的触动是很难改变的。最大的体验应该来自日常工作，同时一个行为习惯的养成更是需要在日常工作中长期坚持。

所以，一堂课根本不足以解决我们的问题和达成期望的人才培养目标。

对于学习，中国有句俗语：师傅领进门，修行在个人！也许是因为师傅比较忙，又或者成本比较高，所以只能领进门，剩下的只能靠学员自己的修行了，其实更准确的说法是就看学员自己的悟性了。试想，课堂上在讲师的教导与同学们思想的碰撞下，学员都没有学会，课后在完全没有外部干预的情况下靠自我修行完全学会，应该更难。

如果一堂课不足以达成培训目标，学员没有真正的学会和掌握，我们就要对课堂学习进行延展，对学员的课前、课后进行干预，由此对于人才的培养便形成了一条贯穿培训前、中、后的线，课堂培训对于人才培养来说只是其中的一些支点。

对于培训与人才培养项目的关系，我们的定位——培训是一个点，学习项目是一条线，人才培养项目是一个面。

"线"是指每一个能力项的培养都需要延展成一条线，多个能力项的培养便有了多条线，一个人的全面成长便成为一个人才培养项目，成为一个"面"。

人才培养项目的根源还是在于人的培养，所以对于人的学习规律要有深入研究，同时要想有效推动人才培养项目的落地，更加离不开项目管理层面的设计与实施推动。所以，培训是一个点，学习项目是一条线，人才培养项目是一个面。

第二章

Goal 破题：确定人才培养项目目标

第一节　突然出现的需求

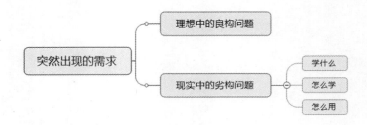

美国知名教学设计专家 D. H. 乔纳森提出了一个问题分类法则，基于问题的清晰性，将所有待解决的问题分为良构问题与劣构问题。通俗的理解，所谓良构问题，即有明确的已知条件，知道目标与现状，限制条件清晰，需要求解唯一答案的问题；所谓劣构问题，即问题的所有信息都是混沌而不明确的，首先可能问题本身就不明确，其次问题的已知条件、目标与现状、限制条件等可能都不清晰。一般情况下，劣构问题都没有标准答案，在多个解决方案中也没有绝对的好坏之分。

我们从小接受的教育，一直都是在做良构问题解决的训练，无论哪个学科，基本的思维训练路径都是已知 X 与 Y 的关系，让我们在某些限制条件下，如已知 X 的值，求解 Y 的值。但是现实中，无论是在生活中，还是在工作中，我们遇到的绝大多数问题都属于劣构问题。没有人告诉你已知条件、未知条件、关联公式、限制条件等，甚至没有人给你提出明确的问题。由此，绝大多数人变得无所适从，不知道如何切入和推动，这是一个普遍现象。

我们都喜欢和习惯于解决良构问题，对于人才培养项目来说也是如此，我们期望领导能够给我们做出明确的指示，告诉我们人才培养的目标、培养方式、运营要求，甚至是最后的评估标准等。但在现实中，人才培养项目却是一个劣构问题，对于人才培养项目组来说，这是一个极大的挑战。

需求的出现：理想中的良构问题，现实中的劣构问题。

在现实中，关于人才培养项目的出现，通常是一个劣构问题而非良构问题。也许某一天，你接到了领导的一个指示，需要举办一个人才培训班，可能是 1～2 年的长周期培养，也可能是 1～3 个月的脱产集中培养，也有可能就是做几次集中培训，然后让你写出培训方案。

如果我们只是按照传统的套路，做几场培训，那将很容易完成。首先是做一个简单的学员调研，了解一下大家想听的课程类型，或者直接询问领导的意见由领导拍板决定；然后就是找讲师、定场地、发通知等；最后就是几次集中培训授课，讲完各自归位，大家皆大欢喜。

如果我们想要认真负责一点，即使只是几场简单的培训，也有 3 个关键问题需要我们深度思考。

其一，学什么？对于目标学员的培养，我们到底应该给他们进行哪些方面的培训？为什么是这几个课程，而不是其他课程？因为调研结果中学员选择数量最多吗？因为是领导拍板的主题吗？

其实细想，你会发现这些理由都不够充分，或者说是有漏洞的。而对于学员的调研本身便存在漏洞，一般的培训需求调研都是罗列一些课题备选项，由学员勾选，最后统计出选择数量最多的课程作为培训主题备选项。漏洞之一，学员的选择范围完全受制于问卷设计者的选择项，虽然很多调研都会在最后放一个"其他，请填写"以堵漏，但是在现实中，很少有人去填写。我们也曾开玩笑说："你相信吗，我可以让任何一场培训评估都没有不满意的？因为选择项中只有'满意'与'超级满意'，而没有'不满意'的选项。"当然，这只是一个夸张的玩笑，但是背后逻辑是一样的，也就是学员的选择完全取决于问卷设计者的认知。漏洞之二，当一个人能够非常清晰地认识自己的短板和需求时，便说明这个人具有良好的自我认知能力。但在现实中，具有良好自我认知能力的人很少。所以，对于学员的调研结果，只能作为确定培训目标的参考，而非唯一依据。

同样，选用领导者拍板的主题也存在漏洞。如果是一个认知结构相对完善的业务领导，其意见就具有极大的参考价值；如果是一个认知结构不太完善，或者对于企业战略和一线业务不够了解的职能领导，其意见也仅能作为参考。

其二，怎么学？通过什么样的培养方式，能够真正实现培养目标？

其三，怎么用？如何判断学员对于所学内容已经"知道"，并且会用？评估什么？怎么评估？由谁评估？这些问题，你都需要深度思考。

如果我们想要做得更专业一些，首先我们需要提交给领导一个人才培养的方案。在人才培养方案中，除了需要包含上述3个问题：学什么？怎么学？怎么用？这些算是方案的主体，在整个方案之前还应该有一部分：为什么？也就是整个人才培养项目的背景与需求分析。

在现实中，很多时候领导在提出一个人才培养项目的计划时，很少对整个人才培养项目的背景进行详细说明。有时候公司高层可能只是吩咐要做一个人才培养项目，具体背景有可能他也不知道，或者他能够领会公司的战略需求，但是无法用文字来清晰陈述。但是我们在制订人才培养方案时，就不能只写一句话"因为领导交代要做此人才培养项目"，以此来作为背景。

所以，在绝大多数企业中，人才培养项目需求出现时，都不是一个很好的良构问题，而是一个劣构问题，这就需要人才培养项目组通过战略解码来将劣构问题转化为良构问题。

第二节　需求的系统解读

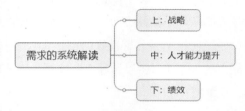

需求的系统解读：上接战略，下接绩效，中间是人才能力提升。

无论人才培养项目需求是以什么形式出现的，其起点与终点都是明确的，其起点都是基于企业战略发展需要，终点都是绩效的持续改善，中间的衔接点便是人才，是人的能力提升与改变。当我们理解了整体的逻辑框架之后，任何人才培养项目的需求背景都可以按照此逻辑进行分析。

战略，是基于企业的使命与未来发展愿景的一种方向与策略选择。企业战略的落地，最终都需要依靠人、依靠团队来实现。战略决定了组织，组织需要承接战略。基于企业未来战略目标与实现策略，对于组织中的人提出了更高的或新的要求，包括人才数量与质量的要求。通过对现有人才数量与质量的盘点，可以了解目前的人才现状。人才现状与人才目标之间的差距便是人才的需求，理论上既可能是数量的需求，也可能是质量的需求，但是在现实中人才需求本质上是质量的需求，也就是人才能力现状不足以满足企业未来发展的需求。

绩效，是企业战略落地的结果指标。为了助力企业战略的最终落地，需要企业绩效的持续改善和增长。但是再好的战略本身都不会带来绩效，绩效的实现，离不开优质的人才保障，因此需要通过提升团队的整体素质来实现绩效的持续改善，最终实现企业的战略落地。

任何人才培养项目需求的出现，从企业战略与管理的角度思考，其底层逻辑皆是如此。具体到每个具体的人才培养项目，也许是因为组织变革，也许是因为工作岗位变化，也许是因为绩效考核结果，其背景略有差异，但是整体逻辑均可参照"上接战略，下接绩效"的思路。

理想状态下，如果领导能够基于企业战略与组织发展的角度来发起人才培养项目，这便是一个良构问题，我们的项目方案也会更加清晰而简单。但在现实中，我们面临的往往都是一个劣构问题，需要我们自己对人才培养项目的背景进行分析和梳理。无论需求出现之初是良构形态还是劣构形态，都可以参照上述的逻辑进行分析。

例如，对于某连锁型终端企业，老板突然要启动一个店长的长周期人才储备项目，其他任何信息都未告知，然后就让培训部或者企业大学项目组写方案，培训部或者企业大学的领导转身把任务分配给了我们，即使我们能够按照传统惯例编一个具体的课程计划，但是我们并不能写出项目背景和目标。当然，最好的情况是老板能够明确告知项目启动背景及期望。即使没有明确告知，我们如果能够有机会对老板或者企业大学负责人进行一次访谈，也是很好的。总之，如果我们能够获得直接、明确的信息，那是再好不过的。但在现实中，很多企业的人才培养项目组很难获得想要的信息，所以这便成了一个劣构问题。

此时怎么写方案呢？我们必须要见到老板或者获得明确指示才能写方案？这在现实中可能很难，较为实际的做法是，我们先快速拟定一个初版方案递交给老板，此时便获得了一次沟通的机会。问题是初版方案该怎么写呢？此时，我们便可以遵循上面所描述的整体逻辑框架思维进行背景陈述和目标梳理。从战略出发到绩效落地，中间是人才衔接。老板为什么突然要做储备店长的长周期人才储备项目呢？要么是数量的问题，要么是质量的问题。可能性之一，基于企业战略计划，预计明年将要大面积开店，首要的问题就是店长人选问题，而目前没有足够优质的店长人选可以支撑扩张战略的落地，这便是项目的背景；可能性之二，为适应物联网的发展，企业决定对部分优质店面进行转型升级，升级后的店面运营管理对于店长来说提出了新的要求，而目前店长的能力不足以胜任新的要求，所以需要对现任店长或储备店长进行培养。

只有明确了这个整体的逻辑框架，才能站在更高的视角看待人才培养项目的重要性与价值，也才能理解人才培养项目的战略性意义，确定最终的人才发展目标。

第三节　需求的三维锁定

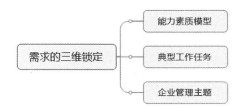

当我们基于战略与绩效的逻辑梳理清楚人才培养项目的背景与目的之后，需要进一步锁定需求，即确定人才培养目标。项目背景主要是回答"为什么"的问题，但是对于人才培养项目来说，还需要回答更具体的"学什么"的问题。

基于企业战略对于人才的需求，在实际操作时，主要从 3 个维度进行锁定：能力素质模型、典型工作任务、企业管理主题（见图 2-1）。

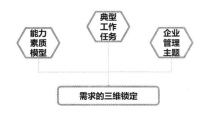

图 2-1　需求的三维锁定

第一个参考要素是能力素质模型。对于人才培养目标确立，首先可以参考的因素便是能力素质模型。著名的心理学家、哈佛大学教授麦克里兰（McClelland）博士是国际上公认的胜任素质方法的创始人。能力素质模型较早应用在美国政府外交官的选拔上，对高效识别人才、确保人岗匹配发挥了重要作用。中国企业在 21 世纪早期经由美国咨询公司引进能力素质模型。能力素质模型从组织特有的战略、文化入手，运用人与岗匹配的理念，通过分析行业的市场情况及公司的自身需求构建而成。

第二个参考要素是典型工作任务。能力素质模型构建复杂，将抽象综合的素质与具体可视的行为相结合，这曾经是其优势。但随着中国市场经济进入新的发展阶段，企业处在VUCA①时代，技术革新带来市场环境变更，商业模式不断颠覆，岗位能力要求也随着市场环境不断变化。由于许多企业的岗位能力素质模型并不能及时更新，无法较好体现当时公司岗位的胜任力要求。因此，越来越多的企业在做人才培养项目时，会基于当时岗位工作任务要求而设定目标，并连接工作场景设置具体的培训内容和形式。

第三个参考要素是企业管理主题。在不同时段，企业的管理重点会有差异。有时企业的管理重点甚至会成为企业某个阶段的战略重点，由此对于此时的企业工作便提出了新的要求。例如，有些企业会把某一年定位为质量提升年、企业合规年、品牌塑造年等，所以企业当时的管理主题将是决定人才培养目标的重要参考因素。

基于以上 3 个维度的要素考虑，基本上可以确定人才培养项目的整体培养目标。

VUCA 时代，企业要想适应社会的快速变化、实现可持续发展，人才是保障和根本，而人才培养首先需要明确人才培养的目标，战略是起点，绩效是终点，中间的衔接点就是人才能力的提升。

---

① VUCA：指组织将处于"不稳定"（Volatile）、"不确定"（Uncertain）、"复杂"（Complex）、和"模糊"（Ambiguous）状态之中。VUCA 的概念最早是美军在 20 世纪 90 年代，用来描述冷战结束后越发不稳定的、不确定的、复杂、模棱两可和多边的世界。9·11 事件后，这一概念和首字母缩写才真正被确定。随后，"VUCA"被战略性商业领袖用来描述已成为"新常态"的、混乱的和快速变化的商业环境。

第三章

Design 设计：345 法则

第一节　3个原则

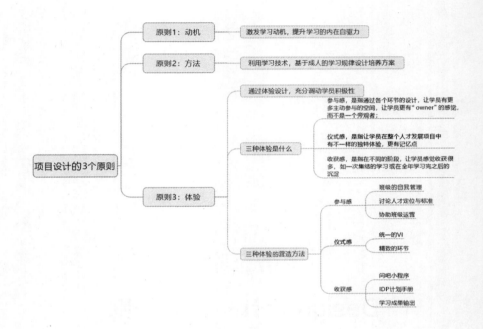

一、人偏好基于对比做判断和决策

　　人对事物的判断和决策，有一个懒惰且高效的做法，就是对比。上班为什么一定要坐地铁？因为大家都坐地铁，或者自己对比了地铁和公交之后发现，地铁虽然拥挤但是更准时。为什么大家都在拼命购买学区房？也许是因为大家都在这么做，也许是因为那家学校相比其他学校教学质量更好、升学率更高。

　　我举这些例子不是想说坐地铁不对或者买学区房进名校有什么问题，而是想要呈现给大家我们在做决策时候的思维路径和特点：我们习惯于用对比做决策。对比的好处是简单高效，通过对比能够很快得出结论，而且能让我们有心理安全感，因为"大家都这么做"。但是通过对比，很难反映事物的本质而做出正确的决策，更难实现创新。科学决策更好的方式是"第一性原理"思维，最后通过"对比"的方式参考和验证。所谓第一性原理是指思考问题时要拨开表象的迷雾，探究根本，以终为始做决策。

对孩子教育的根本是什么呢？是选择好的学区房吗？肯定不是，也许你会说好的学校才有好的未来，而好的学区房才能进入好的学校。如果更进一步分析，家长们选择学区房，其实是为了孩子能够上一所好大学；而大学本身不是通过分配实现的，否则最贵的学区房一定不是重点中学的学区房，而是重点大学附近的学区房，能否上好大学是由高考分数决定的。所以，其内在逻辑是，只有在中学时上一所好的学校才能考上好的大学，所以首先需要选择一所好中学的学区房。那么上一所好大学是教育的根本吗？也许有人觉得是，但是深入思考后，你会发现不是。之所以想要上一所好大学，其实是期望孩子将来能有一份好工作。那好工作是根本吗？也不是，其实是期望好工作能够带来一份满意的收入，那好收入是根本吗？也不是，满意的收入是期望能够过上好的物质生活。过上好的物质生活，便是我们对孩子的终极诉求了吗？也不是，其实我们的终极诉求是期望孩子拥有幸福的一生，当然每个人对于幸福的定义也不一样。但是无论怎样定义，丰富的物质肯定能够影响幸福度，但绝不能够完全决定一个人的幸福。这就是为什么如今相对于 10 年前、20 年前，物质已经极大丰富了，但是仍然有很多人并没有觉得比以前更幸福。当我们从期望"孩子一生幸福"的终极目标出发时，你会发现它的很多必要条件是好的学区房所不能包含的。当我们想清楚教育的终极问题之后，也许我们还是会选择好的学区房，但是此时你的心态和最初的心态可能已经完全不一样了。因为对于孩子的一生幸福来说，除了学区房，你会发现还有非常多更加重要的事情要做，而不是孤注一掷于学区房。

其实，对于人才培养项目设计来说，也是一样，我们可以借鉴和模仿其他项目的设计，但是我们更应该理解人才培养项目设计的根本原理到底是什么。

二、人才培养项目设计 3 个原则

在明确人才培养项目培养目标之后，就进入了设计环节，很多人在这个环节一下子就钻入细节当中了，基于听过的、看过的或者做过的案例经验，急于思考班级怎么设计、课程怎么安排等。建议大家先不要进入具体环节的设计，而应站在更高、更系统的角度，先思考清楚设计的原则是什么，用原则来指导后面的具体设计，这样才能做到有的放矢，真正实现人才培养的创新。

基于我们实操的大量企业人才培养项目，在实践经验中我们提炼了人才培养项目设计的 3 个原则。

（一）第一个原则：动机，激发学习动机，提升学习的内在自驱力

动机是一个人做一件事情的动力，动机越强烈，动力越强大；自驱力，是人自主并积极行动的内在驱动力。

学习的自驱力，是影响个体学习的原动力，如果一个人没有学习动机，基本上很难实现真正的学习。例如，人非常饿的时候，他会到处找吃的，任何可能性他都不会放过；而当一个人不饿的时候，即使你把山珍海味、满汉全席放在他面前，他也不会去吃一口。同样地，一个人没有成长的动机，可能是认为自己已经足够出色；可能是觉得人生就是这样，得过且过就行；可能是他最近工作遇到瓶颈。不管是什么原因，表现出的行为结果就是他对学习、对成长不感兴趣，这时所有的学习和培训，对他来说都很难会有任何的内在转化，更不会转化为他的能力。从学习技术的角度来说，自驱力带来的非常大的影响便是内化的效率，你可以给一个人非常多的输入，但如果他采取抵制模式，你基本上就很难干预他的内化了，也就更难激发他去主动输入了。

自驱力的差异，一方面涉及人才招聘的问题，另一方面对于现任员工，我们需要想办法通过人才发展和培养去激发他们。做培训与学习发展项目的

人需要有一个信仰，就是坚信大部分人都有让自己越来越好的动机，只是可能他自己还没有觉察到或还没有找到好的方法。

传统的企业培训或部分人才培养项目，培训组织者大多数时候会给学员配置培训课程的类型，会搜罗目前市面上的新的课程和大咖讲师。也许在互联网还没有这么发达的农业时代与工业时代，这种方式是管用的，因为你知道别人不知道的方法和信息，这就是一种核心竞争力；同时培训本身就是一种稀缺产品，所以很多人都很珍惜。但是在互联网如此发达的信息时代，想要获取各种知识和信息实在太容易了，这就容易让大家觉得获得的信息都没太大价值，也就从内在失去了学习的动力。

一个人才培养项目，一年不管是 3 次、6 次还是 8 次集训，这短短的不超过 20 天的集中式课堂培训，对学员的价值并没有那么大。为什么呢？一方面与自驱力有关，学员首先要有真正想要学习的动机，否则讲师只是自言自语而已；另一方面与价值本身有关，因为 20 天课程所包含的内容，远不足以解决工作中所面临的所有问题，况且还涉及工作中如何实现理论与实践结合的问题。

俗话说，你不能叫醒一个装睡的人！道理是一样的，如果学员自身缺乏学习、成长的动机，输入再多的知识也是枉然。自驱力的能量远远大于外在推力，因此人才培养项目组要想方设法激发学员的自驱力。

所以，在人才培养项目设计中，第一个目标和原则便是激发学员的学习动机。通过设计这数次集结、20 天的集中培训，以及集训中的活动，激发学员的自驱力，让他们想学习、想成长，想尽一切办法去获得他们想要的知识和技能。

（二）第二个原则：方法，利用学习技术，基于成人的学习规律设计培养方案

当有了动机，其次便是方法的问题。

企业之所以开展人才培养项目，是为了助力企业战略落地。因为企业战略的落地对员工的能力提出了新的要求，需要员工实现真正的改变，需要改变员工的意识，让他们真正掌握新的、系统的方法和技能，并养成相应的专业思维模式，这些都不是一蹴而就的事情。从单次培训到学习项目，再到人才培养项目，是一个由点及线再到面的过程。单次培训更多是解决"知道"的问题，但是"知道"不等于"会做"；"会做"，更不代表能够做得很好，并养成习惯。从"知道"到"会做"的转化是所有学习的关键，而这个转化，特别是想要实现班级所有学员的转化，是单次培训课程很难解决的，所以一定要在课后的工作中持续练习与跟进，由此一个点便延展成为一条线。而对于绝大多数的人才培养来说，都涉及多个主题及能力项，因此便有了多条线，这样便成为一个面。所以，对于人的成长与成才来说，单次培训只是一个点，学习项目是一条线，人才培养项目是一个面。人才培养项目要实现的目标是养成相应的思维模式。

学习技术对于人才培养项目设计的价值如下。

首先，人才培养项目的设计者需要明确学习的本质——改善人的认知结构。认知结构包括 3 个方面：认知宽度、认知深度与认知路径。人才培养项目设计者需要思考，一个人才培养项目应该如何从这 3 个方面设计，才能完善和提升员工的认知结构。

其次，需要对学习内容进行分类。对于我们要培训的内容，哪些属于知识类？哪些属于技能类？哪些属于意识类？不同的学习内容，其高效学习的方式是不一样的。

最后，针对不同内容的分类，设计适合高效学习的培训方案。

知识学习的较好方法：结构化、类比化、场景化。一个人才培养项目应如何运用这 3 类方法呢？

技能学习的较好方法：1-7-2 法则。一个人才培养项目该如何应用1-7-2 法则呢？如何模仿性学习？如何做刻意练习？如何做针对性反馈？

意识改变的较好方法：体验和案例。一个人才培养项目如何设计体验？如何设计案例教学呢？

以学员为中心，是我们进行人才培养项目设计的重要原则，其相应的方法，便是学习技术。

（三）第三个原则：体验，通过体验设计，充分调动学员积极性

要想更好调动与整合学员及各方资源，在人才培养项目中一定要注重体验感设计，包括参与感、仪式感和收获感，如图 3-1 所示。

图 3-1 体验设计中的参与感、仪式感和收获感

参与感，是指通过各个环节的设计，让学员有更多主动参与的空间，让学员更有"Owner"的感觉，而不是一个旁观者。

仪式感，是指让学员在整个人才培养项目中有不一样的独特体验，更有记忆点。

收获感，是指在不同的阶段，让学员感觉收获很多，如在一次集结的学习或在全年学习之后的沉淀。

那么，在一个人才培养项目中，该如何营造参与感、仪式感和收获感呢？

1. 营造参与感

参与感就是要让学员感受到，这个班级是自己的班级，他们才是真正的"Owner"。这里分享我们在人才培养项目中常用到的方法。

（1）班级的自我管理

在开班的时候，有一个重要事项就是组建班委，但这个班委不能由项目组指定，而要全班竞选。

首先要选出班长，所有想竞选班长的学员都可以上台发表竞选宣言，然后由所有学员投票选举，票高者成为班长。接下来就由班长主持其他班委的竞选，一般情况下设置有学习委员、生活委员、宣传委员，有必要的话可以增加一个副班长。

竞选结束之后，要求班委在一周之后输出《班级公约》和《班委职责》。在下一次集结时，班长先向全班发布公约，接着班委每个成员上台介绍自己的职责。

（2）讨论人才定位与标准

之前提到，在开班后有一个重要环节，就是全班研讨人才定位与标准，添加这个环节就是为了让学员更多地参与进来。也许他们在人才标准制定上并不专业，但这可以让每个人都来思考班级的定位及班级培养的人才标准，而这就是他们对自己的承诺。

（3）协助班级运营

班委成立之后，除了很多班委的本职工作，项目的一些运营工作也可以授权给班委来做，让班委协助班级运营。例如，每次培训下午开场前，可以让生活委员带领全班做一个小游戏热身；每次培训的签到和小组得分的统计可以由学习委员来负责等。总之要充分调动班委的积极性。

非班委的学员同样可以协助班级的运营，如每次培训，指定一名学员作为小组长，那么在两天的学习中，他就要负责小组的学习氛围、记录和得分。

总而言之，在项目设计时，要充分利用群众的智慧和力量，让学员更多地参与进来，为班级做出贡献，贡献越多，他们的参与感就越强，收获感也会更多。

2. 营造仪式感

仪式感就是要有特别的、不一样的体验和记忆点。在一个人才培养项目中，营造仪式感的方法有很多。

（1）统一的 VI

统一的、有设计感的 VI 是营造仪式感的一种常见方法。例如，统一的颜色、统一的班服、统一的本子和笔、统一的录取通知书，人才培养项目中的仪式感如图 3-2 所示。

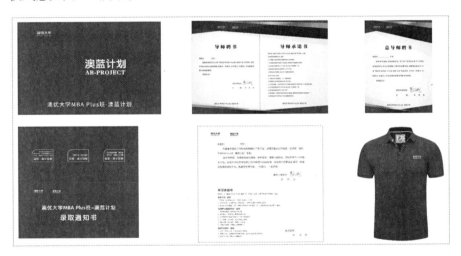

图 3-2 人才培养项目中的仪式感

（2）精致的环节

开班和结业是设计有仪式感环节的重要契机。在开班时，授旗仪式、导师聘任、拜师仪式、集体宣誓等环节都可以设计得非常有仪式感。我们在导师聘任环节会颁发导师聘书，聘书会用玻璃框裱起来，非常有仪式感。

拜师仪式也可以有很多不同的设计方式，如我们设计过鲜花方式的拜师仪式、奉茶方式的拜师仪式、戒尺方式的拜师仪式等，这些方式都会让大家更有体验感。

在一个人才培养项目开班的时候，我们设计了一个环节——"写给自己结业时的一封信"。这个环节让每个学员现场给一年后的自己写一封信，信分为两个部分，一个是穿越到结业时，你想对现在的你，说些什么？一个是站在此刻，你想对一年后的你，说些什么？

给未来的自己写信，本身就是一个自带仪式感的环节。一方面，现在这个时代已经很少有人用笔、用纸写信；另一方面，这封信是写给自己的，估计大部分都没有给自己写过信，而且是写给未来的自己，会让参与者有一种很奇妙的感觉。

同时，我们又在一些细节上不断增强仪式感。现场发给每个学员一个信封与几张信纸，大家写信时放着舒缓的背景音乐，把所有人的思绪带到未来；学员写完后把信装到信封，并用封条密封，在信封上写上自己名字和日期；每个学员依次走上讲台，把信封郑重地投进邮筒，项目组会用相机定格每个学员的投递瞬间。

更重要的，当项目结业时，我们会把每个学员的信发还给大家，让大家再回首当时自己写下的内容，回顾初心。

3. 营造收获感

收获感是要让学员感觉收获很多，直接的方式就是有可见的产出，这里分享我们在人才培养项目中会用到的 3 个方法。

（1）问吧小程序

为了辅助人才培养项目落地，我们开发了一个微信小程序——问吧。问吧的定位：以问促学，让成长看得见。

为什么要以问促学呢？

基于我们对心理学的研究，发现提问是一个非常好的学习方式。问题能够反映一个人的认知结构，如果你对某一个领域没有认知，你就很难提出相关问题。同样地，当我们提出一个高质量的问题时，可以很好地促进学员深入思考。特别是，当同时看到很多人对同一个问题存在不同看法时，可以非常直观地感知到，不同学员对这一专业领域的不同认知结构，这会对每个学员都有所触动。

问吧小程序有以下 3 个层面的价值。

对学员的价值：通过提问促进思考、交流和学习；通过工具，让每个人的认知结构图示化，让每个人的成长足迹可视化。

对管理者的价值：看见学员的成长和沉淀，让人才培养项目成果看得见；为人才培养项目管理找到一个强有力的抓手。

对企业的价值：让学习成为一种文化，让思考与思想碰撞成为一种习惯，让组织的成长看得见，为企业发展积淀智慧。

问吧小程序的核心功能：提出问题，学员必须要思考作答；每个学员的回答默认公开，一旦公开大家都可以看到，学员之间可以互相交流、评论、点赞；学员有任何问题，也可以提出来；同时，问吧还可以记录收获和学习心得。

在每一次的培训前，问吧上会提出课前 3 问，要求学员在培训开始前先预热思考，同时讲师也能看到学员对接下来的学习主题的认知程度；培训结束当天，问吧上会提出课后 3 问，要求学员在次日完成作答，从而及时回顾所学内容、验证学习效果。

在一次海尔游学项目中，在课前 3 问中，提出的问题：

- 本企业的战略是怎么制定出来的？战略制定时思考的第一个问题（源点）是什么？

- 对于本企业的战略落地，你觉得你所在部门或你自己的工作价值主要体现在哪里？

- 假如我们企业未来被打败，你觉得对手会是谁？我们失败的主要原因是什么？

在课后 3 问中，提出的问题：

- 我们企业的第二条发展曲线是什么？什么时候必须完成？
- 企业是人，文化是魂，你认为我们企业的文化是什么？
- 从纵横轴匹配表的角度思考，你所在部门的纵轴和横轴分别是什么？

这些问题都与本次游学的主题密切相关，不仅能让学员能够提前预热思考，还能养成学员深入思考问题的习惯。

更重要的是，到了年底，我们会将每个学员全年的回答和笔记整理出来，作为其全年的成长轨迹，这就是满满的收获感。

（2）IDP 计划手册

IDP 计划是指个人成长计划。目前，很多企业开始利用 IDP 计划帮助员工更好成长，但大多数企业做 IDP 计划都是用 Excel 表格。到了年底，这些表格就会"淹没"在无数的文件夹里，很少有人再去打开，这样不会使学员产生太大的收获感。

这也是为什么我们要做一本小册子，这本小册子主要用于以下场景：每天写 3 个关键词自评、每周分析情绪事件、每月总结与反思及每次与 IDP 计划导师沟通。我们要不断加强学员与这本小册子的关系。

如果学员认真投入到这些活动中，那么到了年底，这本小册子就写满了他这一年的成长，是一本沉甸甸的册子，这样学员会更有收获感。

（3）学习成果输出

学习有可见的成果，才会让学员觉得有收获。

学习总结：每次学习之后都会有学习总结，每个学员在每次学习过程中，都要输出个人梳理的知识结构图、小组梳理的知识结构图、思考本次学习过程中的可借鉴之处及下一步行动，这些图片或者文档都让学员自己保存起来。

行动学习成果：行动学习课题会定期做阶段性汇报，学员汇报的材料、小组成员及讲师给予的反馈、行动学习小组内部沟通的产出或者照片等，这些都是行动学习的成果，要让每个小组有意识进行积累。

训后内部转训： 在某些人才培养项目中，我们会要求学员学习之后，一周之内要在企业内部做转训。以输出倒逼学员对知识的内化与吸收，越是和别人分享，自己对内容的理解就会越透彻，学员的收获感、成就感也会越大。

结业成果汇报： 人才培养项目的结业非常重要，这里应该是所有人收获感的高峰，因此要让每个人对自己的成长有所思考、有所总结、有所呈现。

学习的根本原则，就是要以学员的学习为中心。要想实现学员的高效学习，项目在整体设计的时候，就需要遵循一些基本的原则：通过激发动机提升自驱力，通过学习技术提升学习效率，通过体验的方式调动学员积极性，让学员更加愉快而高效的学习。

第二节　4 个思路

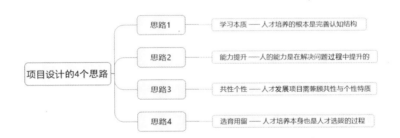

思路是对原则的具体化，是解题的方向，是以原则为边界在设计人才培养项目时的几条"大道"。基于学习技术，结合 3 个原则，人才培养项目的设计有 4 个基本思路。

一、思路 1：学习本质——人才培养的根本是完善认知结构

影响一个人认知结构的 3 个核心要素，分别是认知宽度、认知深度和认知路径，如图 3-3 所示。

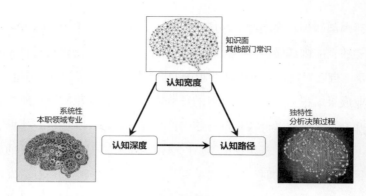

图 3-3　影响一个人认知结构的 3 个核心要素

- 认知宽度是指个人对不同领域知识点的了解程度。例如，作为一个 HR 总监，除了知道人力 6 个子模块的专业知识（人力资源规划、招聘与配置、培训与开发、绩效管理、薪酬福利管理、劳动关系管理），还要懂得管理、营销、财务、商业、供应链等不同模块的知识点，这就是一个人的认知宽度。

- 认知深度是指针对某个领域有独到的、系统的理解和洞察。例如，营销中常见的 4P 模型，我刚开始对 4P 之一 "Price" 的理解就是终端的零售价。但是随着我对业务理解的深入，我对 "Price" 有了不一样的认知深度："Price" 背后代表的是整个业务链的价值分配，一个产品从无到有，从出厂价到最终零售价，整个价格体系代表的是不同价值主体在整个业务链中所创造的价值大小及获得的收益。

- 认知路径是指针对某个问题个体做分析和决策的过程。例如，有些管理者，遇到学员工作不积极、不主动，就认为该学员态度有问题，因此会严厉批评他，然而这样会让学员表现越来越差。但有的管理者认为，人的行为受动机驱动，内在动机大于外在动机，工作不积极有可能是没找到内在动机。于是他通过与学员聊天，了解学员的想法，帮助学员明确自己的目标，让学员找到个人目标与工作目标之间的关联，激发学员内在的力量。这就是不同的认知路径所导致的不同管理行为。

　　这三者之间相互支撑、相互限制，我们要想办法帮助学员拓宽认知宽度、深挖认知深度、优化认知路径。

　　在人才培养项目中，我们该如何设计才能帮助学员不断完善认知结构呢？

　　一个人要打破自我认知边界，完善认知结构的前提条件是，他意识到认知结构的重要性，清楚影响认知格局的要素，并不断修正、调节、完善自己的认知结构。这其实就是前面提到的意识，而改变意识比较好的方法是体验，在人才培养项目中，让学员自己去体验，能够有所触动，从而意识到认知结构的重要性。

　　在人才培养项目实践中，我们将管理者必须具备的核心素质精练为 5 个维度，分别是自我、专业、团队、商业、综合，即泰思五维能力模型，如图 3-4 所示。而在全年的项目中，我们会从这 5 个维度帮助学员完善认知结构。

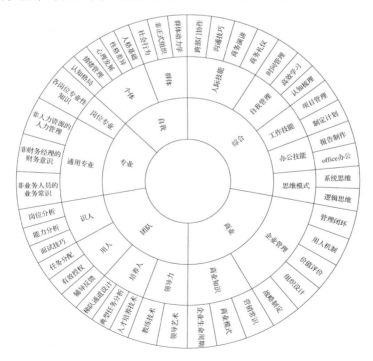

图 3-4　泰思五维能力模型

自我：聚焦于学员的自我认知，知道自己是一个什么样的人，自己的价值观是什么，自己有什么优势和劣势，自己的职业目标是什么等。自我认知是一种非常好的激发学员自驱力的方法。

专业：任何一名学员都有自己的专业岗位，如财务、营销、生产、供应链、人力等，都需要在自己的专业领域不断精进与提升。在专业序列的人才培养项目中，会分不同模块来完善学员的认知结构。

团队：团队管理是一种非常普遍的企业职能，只要带领团队，不管是初阶、中阶还是高阶管理者，都要不断精进团队管理的技能。管理是一种技能，需要用 1-7-2 法则做刻意练习。

商业：商业敏感度是每个管理者必须要修炼的一门课。而这种敏感度的提升，一方面要开拓学员的视野，让他们看到别人是怎么做的；另一方面要让学员真的有所体验、有所触动。所以在商业敏感度提升上，我们会采用不同的学习方式，如游学、沙盘、微课等。

综合：综合素养是职场发展的基本功。在人才培养项目中不会专门培训相关内容，但是会让大家完成各种任务，在大家完成这些任务时用到这些综合素养。例如，学习成果汇报：写报告时需要逻辑思维、PPT 制作能力；做汇报时需要商务演讲能力。

认知结构的不同，是人和人之间最大的差异。在人才培养项目中，我们重点会从这 5 个维度来展开，帮助大家提升在这 5 个维度的认知结构。学习的 3 个关键步骤：输入、内化、输出，如图 3-5 所示。

一方面，我们在这 5 个维度给学员做必要的知识输入，可以采用不同的方式，如微课、沙盘、工作坊或者游学等不同方式。

另一方面，我们要求每次输入之后，学员要做输出：一种方法是利用画知识结构图的方式，把所学的知识内化成自己的，画图的方式能够充分调用视觉脑，形成画面感，使记忆更深刻；另一种方法是教别人，要求大家学完之后要向自己的团队转训，这就是之前提到的"教是最好的学"。

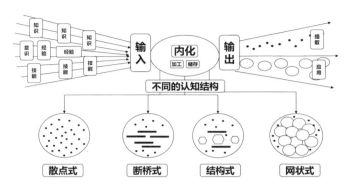

图 3-5 学习的 3 个关键步骤

制约企业人才发挥潜力和提升能力的关键在于认知格局和认知结构，人才培养的根本是完善认知结构。

二、思路 2：能力提升——人的能力是在解决问题过程中提升的

人的能力是在解决问题的过程中提升的，用复利的思维来理解，人的能力提升是一个螺旋上升的正反馈过程。

如今越来越多的企业在人才培养项目中采用行动学习，行动学习顾名思义，就是在行动过程中学习。学员以在企业管理和业务经营中遇到的具体问题为对象，群策群力，共同寻找解决办法，实践落地。根据结果的反馈，进行反思复盘，再去实践，再复盘，再行动，再学习。行动学习本身就是一个螺旋上升的正反馈过程，既解决了企业的关键问题，又提升了人才的能力。

有不少人对行动学习存在误解，认为行动学习就是几个学员不断沟通进行思想碰撞，不断进行"头脑风暴"，其实这只是行动学习的一个环节。行动学习首先是要群策群力找到解决办法，接下来更关键的是落地执行，让事实给予反馈，学员再不断反思总结。所以，行动学习的关键是"在行动中学习，用学习推动行动"。

三、思路 3：共性个性——人才培养项目需兼顾共性与个性特质

在一个人才培养项目中，每个学员需要提升之处一定有共性之处，也有个性之处，人才培养项目需要兼顾共性和个性两个方面。

在整个人才培养项目中，每次集结的学习输入是为了满足共性的成长需求，大家学习的内容是一样的，满足的是大多数人的需求。但是同样的课程，每个人所获得的收获与成长一定会有差异，因为每个人原有的认知结构本身就有差异，所以每个人的需求也不一样。

为了照顾到个性化差异，我们会导入 IDP 计划，也就是个人成长计划，这是一个完全个人定制化的成长方案。每个学员可以根据自己的职业经验、职业发展目标，制订年度的 IDP 计划，然后实践落地，定期与导师沟通，听取导师的反馈。人都有自己的舒适区和认知边界，往往看不到制约自己发展的是什么，所以他人的反馈非常重要，他人的一句点拨有时能够让自己醍醐灌顶。就像在刻意练习中提到的，要掌握一项技能，有两个关键环节：刻意练习和针对性反馈，两者缺一不可。所以在整个项目中，最好能够为每个学员设置导师，学员可以定期与导师沟通，得到导师针对性的反馈。

在人才培养项目中，我们会通过学习线和辅导线分别满足学员成长的共性需求和个性需求。

四、思路 4：选育用留——人才培养本身也是人才选拔的过程

我们往往把人才培养和人才选拔看作两个单独的模块，其实两者密切相关，都可以通过人才培养项目来实现。

首先，我们要区分一下，人才培养和人才选拔的区别是什么。人是立体的，既有可以直接观察的经验、知识和技能，也有看不清的自我认知、人格、

价值观、生物本能等。用冰山模型来形容，冰山之上看得到的是学员的工作经验和能力储备；冰山之下看不到的是学员的自我认知、性格特点、价值动机等。往往冰山之下的，人内在的、稳定的人格和价值观是很难被培养的，这些只能靠选拔来实现，我们能培养的是冰山上的知识和技能。人才选拔的冰山模型如图 3-6 所示。

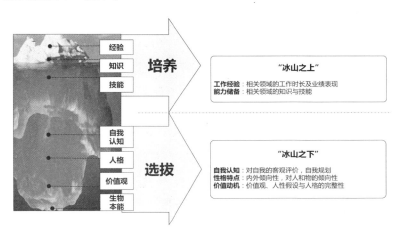

图 3-6　人才选拔的冰山模型

一般来说，企业人才培养项目时间比较长，常规的以一年为周期。在这一年的发展项目中，一方面我们要培养学员能力，另一方面要促进学员的自我觉察，将他的内在人格、价值观、动机外化出来，并进行持续的记录。作为 HR 来说，这是非常棒的选拔后备人才的机会。

我们在这里总结一下，在进行人才培养项目设计时，有 4 个重要的思路需要遵循。

- 学习本质：人才培养的根本是完善认知结构。
- 能力提升：人的能力是在解决问题中提升的。
- 共性个性：人才培养项目需兼顾共性与个性特质。
- 选育用留：人才培养本身也是人才选拔的过程。

原则帮我们圈定了边界，思路则为我们指明了方向。

第三节　5条主线

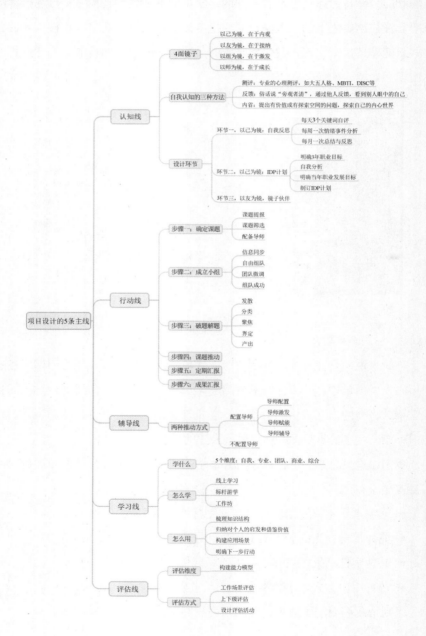

项目设计的5条主线

- **认知线**
  - **4面镜子**
    - 以己为镜，在于内观
    - 以友为镜，在于接纳
    - 以组为镜，在于激发
    - 以师为镜，在于成长
  - **自我认知的三种方法**
    - 测评：专业的心理测评，如大五人格、MBTI、DISC等
    - 反馈：俗话说"旁观者清"，通过他人反馈，看到别人眼中的自己
    - 内省：提出有价值或有探索空间的问题，探索自己的内心世界
  - **设计环节**
    - 环节一，以己为镜：自我反思
      - 每天3个关键词自评
      - 每周一次情绪事件分析
      - 每月一次总结与反思
    - 环节二，以己为镜：IDP计划
      - 明确3年职业目标
      - 自我分析
      - 明确当年职业发展目标
      - 制订IDP计划
    - 环节三，以友为镜，镜子伙伴
- **行动线**
  - **步骤一：确定课题**
    - 课题提报
    - 课题筛选
    - 配备导师
  - **步骤二：成立小组**
    - 信息同步
    - 自由组队
    - 团队微调
    - 组队成功
  - **步骤三：破题解题**
    - 发散
    - 分类
    - 聚焦
    - 界定
    - 产出
  - **步骤四：课题推动**
  - **步骤五：定期汇报**
  - **步骤六：成果汇报**
- **辅导线**
  - **两种推动方式**
    - 配置导师
      - 导师配置
      - 导师激发
      - 导师赋能
      - 导师辅导
    - 不配置导师
- **学习线**
  - **学什么**
    - 5个维度：自我、专业、团队、商业、综合
  - **怎么学**
    - 线上学习
    - 标杆游学
    - 工作坊
  - **怎么用**
    - 梳理知识结构
    - 归纳对个人的启发和借鉴价值
    - 构建应用场景
    - 明确下一步行动
- **评估线**
  - **评估维度**
    - 构建能力模型
  - **评估方式**
    - 工作场景评估
    - 上下级评估
    - 设计评估活动

有了原则和思路后，具体到一个人才培养项目，到底应该怎样设计？从项目运营管理的角度来说，有哪几条主线会贯穿整个项目，成为项目组的抓手？这些问题在项目设计之初就要思考清楚。

从以往的人才培养项目经验来看，人才培养项目设计主要会有 5 条主线贯穿全年，分别是认知线、行动线、辅导线、学习线、评估线，如图 3-7 所示。

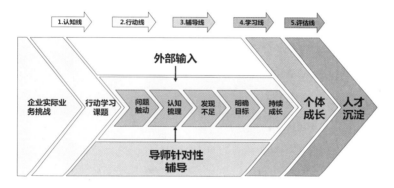

图 3-7　人才培养项目设计的 5 条主线

认知线：输入自我认知方法。在项目实施过程中，借助 IDP 计划工具表，实现自我认知的外化，帮助学员认知自己、完善自我、提升自驱力。

行动线：针对关键业务主题，采用行动学习方式、聚焦问题与机会、形成方案、落地执行、反思总结，不断循环往复，提升学员的能力。

辅导线：基于认知线的 IDP 计划，与行动线的课题研究，为学员配备 IDP 计划导师与课题导师，帮助学员不断实践，借助导师的力量，促进学员成长。

学习线：根据学员能力提升的共性要求及认知线和行动线的需要，一年可安排多次集结，每次集结都为学员提供必要的知识输入，并且强调学习内容的转化。

评估线：建立学员个人档案，记录学习数量与质量。项目前后分别对学员进行一次人才测评，一方面可以更精准地选拔人才、设计项目，另一方面可以评估人才培养的效果。

在人才培养中有一个非常重要的法则：1-7-2 法则，即对于一个成人来说，高效的学习方式是，10%的课堂中学习，70%的在岗实践，20%的针对性反馈。

需要注意的是，技能培养的 1-7-2 法则不是线性的，而是螺旋上升的，如图 3-8 所示。

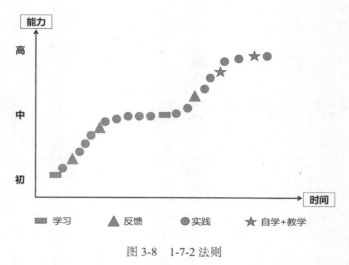

图 3-8　1-7-2 法则

例如，学会一项技能需要 30 天，并不是先用 3 天学习，再用 21 天练习，最后用 6 天反馈。高效的学习方式，不是一次性把所有内容学完，而是在学会其中一部分技能后，就去实践。在实践中碰到不会的问题，立刻向师傅请教，经过师傅点拨后，再进行大量刻意练习。学会一部分技能后再学习下一部分技能，然后继续实践、找师傅反馈。如此几个来回，是学习技能更高效的方式，我们称之为螺旋式提升。

学习、练习与反馈，这三个方法分别对应前面提到的学习线、行动线和辅导线，这三条线服务于认知线，帮助学员提高认知格局、完善认知结构。评估线贯穿整个培养过程中，通过不断筛选、选拔人才，形成企业的后备人才库。

一、第一条线：认知线

认知线，关键在于激发每个学员的自驱力，一个人只有认识到真正的自己——自己的理想、自己的价值观、自己的信念、自己的情绪、自己的思维模式，才能找到前进的动力和方向，以及更适合自己的学习方法。

唐贞观十七年（公元643年），直言敢谏的魏征病死了。唐太宗很难过，他流着眼泪说："夫以铜为镜，可以正衣冠；以史为镜，可以知兴替；以人为镜，可以明得失。魏征没，朕亡一镜矣！"意思是说，一个人用铜当镜子，可以使衣帽穿戴得端正；用历史当镜子，可以知道国家兴亡的原因；用人当镜子，可以发现自己的对错。

同样的，为了帮助大家提升自我认知的意识和能力，我们在人才培养项目中设计了4面镜子，自我认知的4面镜子如图3-9所示。

图 3-9 自我认知的 4 面镜子

以己为镜，在于内观：每天 3 个关键词自评，每周一个情绪事件记录，每月一次总结与反思。

以友为镜，在于接纳：设计镜子伙伴。一方面，可以创造学员之间的链接，促进融合；另一方面，可以让学员了解别人眼中的自己。

以组为镜，在于激发：在课堂学习中有小组学习，在行动线中有行动学习小组，学员与组员之间不断研讨，在合作中不断磨砺。

以师为镜，在于成长：在人才培养项目中配置了行动学习课题导师及 IDP 计划导师，学员可以定期与导师沟通，获得导师针对性的反馈与辅导。

一般来说，自我认知有三种方法，一种是专业的心理测评，如大五人格、MBTI、DISC 等；一种是反馈，俗话说"旁观者清"，通过他人反馈，了解别人眼中的自己；一种是内省，提出有价值或有探索空间的问题，探索自己的内心世界。

1. 测评

测评，是自我认知中一种科学而有效的方式。通过专业的测评工具，我们可以更好地了解自己的个性与行为风格。例如，在人才项目启动前，可以针对"决策更侧重于事情的结果，还是更侧重于人的感受？""决策源于理性思考还是直觉？""具有什么样的领导风格，比较专制还是比较民主？""决策与领导方面有哪些优势和缺陷？"等问题进行一轮专业的心理测评。学员对自己有全面、客观的认知，对于中高层管理者来说是非常必要的。

2. 反馈

反馈，是自我认知中一种比较简单的方式，通过评价与反馈我们可以实现自我认知。反馈在操作中，又包括了结果反馈、自我反馈和他人反馈。他人反馈是指通过别人的评价来反观自我。例如，在一场演讲后，每位听众的反馈与评价都可以让我们发现自身的优势和不足。结果反馈是指通过某种事情的结果来自我分析和反思，从而发现自我，因为事实与结果是有利的论据，类似于个人的总结复盘。例如，演讲之后的整体满意度，便是一个结果反馈。自我反馈是指通过自己对自己的评价与反思来发现自我。例如，演讲之后，也许不用看数据、不用听别人的反馈，我们自己重听一遍录音便能发现自己的优势和不足。

3．内省

内省，是自我认知中一种复杂而透彻的方式。大多数的测评是通过问卷的方式进行的，在问卷的作答中，我们很容易掩饰真正的自己而呈现出了一个理想的自己。反馈，操作简单但不够全面客观，特别是他人反馈很多时候只是基于他人对我们的片面了解。内省，是指通过自己与自己的对话来发现自我。传统国学中的很多方式，从自我认知的角度来看都是一种内省，包括打坐、冥想等。要想更好地认知自我，需要借助工具，IDP 计划手册是我们为内省而开发的辅助工具。

内省包括 3 个基本技巧，分别是觉察力提升、潜意识外化、接近潜意识。

（1）觉察力提升

每个人的觉察力是不同的，如有些人发脾气，直到说出伤人的话，才意识到是自己生气了；有些人一生气就可以自我觉察，从而会有意识地控制自己的情绪；有些人完全凭着对某个人的第一印象便对其能力做出判断，而有些人当对别人产生某种印象后，他会考虑到这可能与刻板印象有关。

（2）潜意识外化

潜意识外化是指将我们内心的潜意识活动，通过某种外在表现物形象地展示出来。心理咨询有很多的心理分析方法，如房树人、沙盘等，这些都是把人的潜意识外化出来。房树人，经常会用在小孩儿的心理咨询中，根据小孩儿画的画，判断他的性格和人格。

（3）接近潜意识

人在放松的状态下更容易接近潜意识，早起的状态就非常接近潜意识。所以，很多作家都是一大早写作，很多人是在马桶上或者冲凉的时候产生灵感的，因为这个时候大脑和身体最放松。心理咨询还有一种常见的技术就是催眠技术，通过催眠探索自己，在放松的状态下表达潜意识。

可以设计多种的自我探索活动，如探索价值观的价值观罗盘活动，探索内心的英雄，盘点不同维度的库存信念等，帮助学员做自我认知。

（一）以己为镜：自我反思

在开班时，向学员导入自我认知方法，时长半天或1天，最好是1天。学员在现场可以体验各种不同的反思方法，导师在现场可以针对性地给予反馈。在导入方法后会给学员布置日常反思的内容，这里主要设计了3个环节。

1. 每天3个关键词自评

如果让你用3个关键词评价"今天"的自己，你会怎么形容？

———— 、 ———— 、 ————

有些人会很奇怪，为什么是评价"今天"的自己？

自我认知很重要的一种技能就是自我觉察，我们要善于从每天经历的小事中发现、觉察、更多地了解自己。也许有两天学员对自己的评价都有乐观这个词，但这两天经历的事情可能是不一样的。例如，有一天是工作上遇到了挑战，但是他以积极的心态应对；而另一天是生活上遭遇了挫折，但他没有消沉。设计这个环节就是为了要提升学员自我觉察的能力，使其能够敏锐地感受到正在发生的事情，以及自己对这件事的真实感受。

在做这个活动时，我们有个要求：在第一个月，要求大家只写"积极正面"的评价词。

这是为了帮助大家建立积极的自我形象。从认知心理学的角度看，当一个人对自己有负面认知时，他的行为会倾向符合这个认知。例如，有些专业的技术人员因专业优秀被提拔为管理者，但他认为自己不是一个优秀的管理者。因此，即使他在管理岗位上做得不错，也得到了领导赞赏，他也会认为这是个意外，依旧认为自己不是一个好的管理者，并且很容易陷入负面循环。

同样的，当你对自己有积极、正面的自我形象，你的潜意识就会按这个方向去努力，所以我们要善于借用潜意识的正面形象。

2. 每周一次情绪事件分析

请先写下你现在能够想到的，描述人的情绪或感受的词，越多越好。

_____

_____

_____

_____

在无数场培训的现场，我们让学员做过同样的事情，很少有人写出 10 个以上的词。这是因为我们的教育、工作让我们忽略了内心的情绪或感受，我们习惯用更理性的方式去面对这个社会，我们变得越来越麻木，对情绪或感受的觉察越来越迟钝。

情绪是人类自我保护的本能，情绪是个体需求得到满足或者得不到满足的一种表达。每个人可以通过情绪觉察自己的需求，所以我们要学会与自己的情绪共处。

不同人对同一件事经常出现不同的情绪反应，有些人会被自己的情绪牵着走，有些人会主动觉察情绪，并分析自己产生这种情绪的原因。决定我们情绪的往往不是事件本身，而是我们对事件的认知和看法。

被情绪牵着走的人的行为模式：事件→情绪。而能主动调节情绪的人会增加一个反思环节，会思考是什么引起了自己对情绪的认知，他们的行为模式：事件→信念→情绪→反思。用一个模型来描述，就是情绪调节 ABCD 法则，如图 3-10 所示。

图 3-10 情绪调节 ABCD 法则

情绪：你的情绪是什么？

事件：你遇到的事件或诱因是什么？

信念：你对这件事的看法、观点是什么？

反思：这个情绪背后隐藏的需求是什么？你的观点一定是对的吗？有没有其他可能性？

在每周的情绪事件分析中，我们要求学员按照情绪调节 ABCD 法则对情绪事件进行分析，而且要选择这一周内情绪波动最强烈的事件进行分析最强烈的情绪事件也代表了最强烈的需求，积极的最强烈的情绪事件就是内心非常重要的需求得到了满足，消极的最强烈的情绪事件就是内心非常重要的需求没有得到满足。

在一次培训中，有学员分享了一个积极的情绪事件。在那一周，他最开心的事是见到了 3 年未见的大学同学。大学同学都从北京过来，他带着大家在当地游玩，和大家一起谈天说地，重温大学时的美好，这也让他找到了生活和工作的动力。这里反映了他非常重要的需求，说明了亲密的朋友关系对他的重要性。

每个人都要学会与自己的情绪相处，不然持续的负面情绪会影响视觉脑的思考及行为，每周一次情绪事件分析，就是要培养学员的情绪觉察力。

3. 每月一次总结与反思

总结与反思有助于个人的自我认知和自我成长。大部分人是认可这个观点的，只是坚持做到反思总结很难，所以建议频次是每月一次。在每个月的工作生活中，我相信每个人都会遇到触动自己的事，只有做到及时反思，才能认识一个新的自己。

为了帮助大家总结与反思，自我反思的活动都会在 IDP 计划手册中体现，这让自我反思的活动有了载体和记录。自我认知反思性学习工具表如表 3-1 所示。

在每一次集中学习时，最好留出 2~3 个小时来做上一阶段自我认知总结的工作坊。工作坊的关键是，总结上一阶段在不同维度上自我认知的升级及行为改变，促进小组成员之间交流与学习。

表 3-1 自我认知反思性学习工具表

维度 （认知升级 的角度）	新认知 （以前的认知是什么？ 新的认知是什么？）	当下改变 （当认知改变后， 你当下做了哪些 行为改变？）	下一步行动 （接下来你准备做 哪些行动？）
自我认知			
职业定位			
能力提升			
情绪调节			

总体来看，自我反思设计主要包括以下环节，导入自我认知方法—实践—反思性学习—再实践—再反思性学习，循环往复直到项目结业。

（二）以己为镜：IDP 计划

为了帮助学员更好认知自己的职业现状与目标，做好个人职业发展规划，我们设计了 IDP 计划。IDP 计划是在对自我有足够认知及对自己的职场经验分析后，为自己量身制订的发展计划。

总体来说，制订个人 IDP 计划有 4 个步骤：明确 3 年职业目标→自我分析→明确当年发展目标→制订 IDP 计划。

1. 明确 3 年职业目标

明确职业目标要看两个大的维度，一个是组织需求，企业基于未来发展，对于人才的需求，以及企业对人才的评价标准，这些都是制定职业目标的依据。另外一个是个人兴趣，自己期望的发展方向。这两者的交集就是在企业的长期职业目标。

2. 自我分析

自我分析和自我认知的不同之处：自我认知更关注对自己各种心理现象的认知，而自我分析则是紧密围绕个人的职业经历和经验展开的。

自我分析分 3 个模块，分别是业务、能力和发展。

（1）业务

业务分为成果和不足。回顾近 3 年的职场经历，取得了哪些成果、存在哪些不足。业务可以从不同维度展开：业绩，如所负责的业务实现超额增长；策略，如采取了出奇制胜策略；组织，如培养了 3 个优秀主管等。

在分析业务时要注意，业绩分析要找亮点，能量化的要尽量量化，所描述的成果和不足也要尽量具体。

（2）能力

能力分为优势和劣势。描述对于实现职业目标的关键能力优势和劣势。优势和劣势不是绝对的，而是基于它是否对实现职业目标有帮助。

在分析能力时要注意，能力分析一定要聚焦，列出核心的 3~5 个优势和劣势即可，重点是要做能力的呈现，让别人认可自己具备某种能力。

（3）发展

发展分为机遇和挑战。目前在职业发展上，遇到的最大的机遇是什么？这个机遇一定要与自身及自身的职位相关。自己在抓住这个机遇时遇到的最大挑战是什么？挑战一定要聚焦，找到最大的障碍点即可。

3. 明确当年职业发展目标

在明确 3 年职业目标和自我分析之后，你需要确定当年职业发展目标。

职业发展目标既可以是岗位目标，也可以细分为不同维度的目标，如能力目标、业绩目标、组织目标等。同时目标最好符合 SMART 原则，即目标是具体的、可衡量的、可实现的、相关的、有时间限制的。

4. 制订 IDP 计划

在明确当年职业发展目标后，就要制订 IDP 计划了。

活动类型：活动分为五类，分别为在岗实践、导师辅导、培训课程、团队培养、挑战任务。前三类是我们常说的 1-7-2 法则，10%课堂练习，70%工作实践，20%反馈辅导。教是最好的学习，团队培养是一个重要的实践方式。另外，要实现目标一定要突破自己能力的边界，需要自己为自己设计挑战任务和挑战目标。

活动内容：在思考每个活动类型的具体行动时，行动可以用动宾短语来描述，一个动作，加上一个宾语，这样的行动才是可以落地的。

起止时间：写出该项行动的起止时间。

评估指标：可以量化的行动，列出评估指标；无法量化的行动，列出该行动的产出。例如，学完一次课程，评估标准可以是产出知识结构图，也可以是完成一次内部的转训。

评估人：自己或领导，每完成一项任务就可以打个钩，并定期复盘。

学员制订 IDP 计划后，还要与导师一起制订辅导计划，计划内容包括沟通的频次和方式，建议一个月沟通一次。

IDP 计划同样在 IDP 计划手册中，大家可以利用 IDP 计划手册来落实个人的 IDP 计划。

以往企业做 IDP 计划都是用 Excel 表格，泰思咨询为了帮助学员落地 IDP 计划，特别定制化了一本《个人发展计划简明指南》（见图 3-11），这里简要介绍一下这本册子的价值和用法。

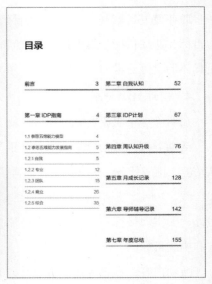

图 3-11 个人发展计划简明指南

制作这本《个人发展计划简明指南》的目的：为企业有个人发展需求和动力的员工提供支持，为人才培养项目涉及个人综合能力提升的学员、导师、培训师提供一个可供参考的示例与说明。IDP 计划仅仅是个人综合能力提升的开端，只有结合工作实践、践行发展活动、定期回顾和完善发展活动，IDP 计划才能发挥其最大价值。

整个简明指南分 7 个模块，分别是 IDP 计划指南、自我认知、IDP 计划、周认知升级、月成长记录、导师辅导记录及年度总结。

（1）IDP 计划指南

泰思咨询研究发现，一个优秀的高阶管理者需要具备 5 个维度的能力，分别是自我、专业、团队、商业、综合，而在每个发展能力下面，又细化出诸多细化技能。IDP 计划指南就是基于这 5 个维度、43 项技能展开的，并且会从以下 3 个方面展开讲解每项技能。

释义：对各种技能加以解释说明，界定技能的范围与意义。

榜样行为：对各种技能的标准榜样行为予以描述。使用者可凭借榜样行为的详细描述，评估自己在对应技能上的表现，判断自己在过往工作实践中是否展示出了与榜样行为描述一致的行为表现。

个人发展计划（示例）：供使用者制订个人发展计划（IDP 计划）时参考使用。

（2）自我认知

这里会列出很多自我认知的活动，在人才培养项目开班时就会导入自我认知的各种活动，并且贯穿全年。自我认知活动包括"前期测评的关键结论""神秘镜子伙伴对我的评价""我是一个什么样的人""朋友眼中的我""写下我的 101 个优点""探索内心的英雄"等，通过这些活动的思考与体验，形成更深入的自我认知。

（3）IDP 计划

IDP 计划就是制订计划的过程，这里会提供具体的表格工具供学员全年使用。

（4）周认知升级

周认知升级即自我认知活动，包括每天 3 个关键词自评及每周一次情绪事件分析。

（5）月成长记录

月成长记录即每月一次反思总结，可以包括但不限以下内容。成果：本月在实现个人职业发展目标上取得了哪些成果？不足：本月在实现个人职业发展目标上存在哪些不足？反思：这些不足造成的原因是什么？背后有哪些隐藏的信念？这些信念对吗？我能改变他们吗？收获有哪些？具体感受是什么？

（6）导师辅导记录

导师辅导记录即定期辅导，这里为学员提供了工具表格支持。个人 IDP 计划工具表如表 3-2 所示。

（7）年度总结

年度总结就是总结全年的收获与反思，如目标达成、差距分析、自我认知、情绪调节、能力成长等，以及对来年的展望。

针对性反馈是个人突破和成长的关键，所以导师的辅导和反馈对学员在领导力、商业敏感度等方面的提升非常重要，在人才培养项目中要特别关注。

表 3-2　个人 IDP 计划工具表

基本情况							
姓名		部门		直接上级		导师	
现任岗位				3 年职业目标			
自我分析							
业务	成果						
	不足						
能力	优势						
	劣势						
发展	机遇						
	挑战						
××××年职业发展目标							
行动计划							
活动类型	活动内容			起止时间	评估指标	评估人	
在岗实践							
导师辅导							
培训课程							
团队培养							
挑战任务							

续表

相关方意见及支持			
上级领导意见与 签字		学员导师 意见与 签字	
人力资源部备案			

（三）以友为镜：镜子伙伴

镜子伙伴是指学员之间两两形成观察伙伴，一个观察者，一个被观察者。在两次集中学习中，创造机会观察自己的镜子伙伴，在集中学习时观察者与被观察者进行面对面沟通。

设计镜子伙伴，一方面是为了增进学员之间的熟悉和了解，进而促进整个组织关系的发展；另一方面是为了帮助学员更好地自我认知，看到别人眼中的自己。在心理学有一个投射的概念，是指把自己身上的属性或特质投射到别人身上，认为别人是这样的一个人。镜子伙伴一方面是让每个学员了解别人眼中的自己；另一方面也可以通过观察别人，反过来认知自己。

镜子伙伴可以设计成神秘镜子伙伴，就是说被观察者并不知道是谁观察自己，神秘镜子伙伴的好处为项目增加了不确定性，更容易激发学员的好奇心。

开班时，开始第一轮神秘镜子伙伴的选择。让每个学员拿一张纸条，写下自己的名字，放入箱子中，在打乱次序后，请每个人随机抽取一个名字，纸条上写的名字就是每个学员要观察的对象。告诉学员，观察对象的名字要保密。从抽到对方名字的那一刻开始，就要注意观察神秘镜子伙伴的行为了，并做好记录。

在每一次集结的前两天，要求每个学员提交神秘镜子伙伴观察表，每次观察表的内容可以有变化。例如，在某企业的人才培养项目中，一年 4 次集结，需要提交 3 次神秘镜子伙伴观察表，第一次神秘镜子伙伴观察表只要求学员观察对方的正面行为，帮助学员塑造正面的自我形象；第二次神秘镜子伙伴观察表既可以观察正面行为，也可以观察负面行为；第三次选择当年重点培养的能力，要求学员从这个能力维度来观察对方。神秘镜子伙伴观察表如表 3-3、表 3-4 和表 3-5 所示。

还有一点特别重要，在集中学习时一定要单独安排搭档之间面对面沟通，虽然一些不熟悉的人可能会逃避做这种面对面沟通，但面对面沟通是促进双方关系更好发展的方式之一。

表 3-3   神秘镜子伙伴观察表 1

观察者		被观察对象	
通过这段时间的观察，你认为你的神秘镜子伙伴是个什么样的人（只使用积极、向上的词汇，帮助伙伴建立积极的自我形象）			
通过这段时间的观察，你认为你的神秘镜子伙伴的核心才干与优势是什么			
为什么你认为你的神秘镜子伙伴是这样的人、有这样的核心才干？你观察到哪些具体行为，请描述			
为了帮助你的神秘镜子伙伴更好的发挥自己的才干与优势，你有哪些具体建议			

表 3-4   神秘镜子伙伴观察表 2

观察者		被观察对象	
通过这段时间的观察，你认为你的神秘镜子伙伴是个什么样的人（正面反馈、负面反馈都可以）			
通过这段时间的观察，你认为你的神秘镜子伙伴的核心才干与优势是什么？你观察到哪些具体行为，请描述			
通过这段时间的观察，你认为你的神秘镜子伙伴亟待改变与提升的地方有哪些？你观察到哪些具体行为，请描述			
为了帮助你的神秘镜子伙伴更好地发挥自己的才干与优势，你有哪些具体建议			

表 3-5　神秘镜子伙伴观察表 3

观察者		被观察对象	
能力项	你观察到的行为是什么（正负面皆可）	你认为这个行为反映了神秘镜子伙伴怎样的素质、特质或能力	
人际沟通			
系统思维			
资源整合			
战略解码			
为了提升神秘镜子伙伴的这 4 项能力，你有哪些具体的建议			

二、第二条线：行动线

行动学习是人才培养项目中经常采取的学习方式，其设计原理是"人的能力是在解决问题中提升的"。在行动学习中，以公司遇到的真实问题为对象，不断进行思想碰撞、思考解决办法、落地推动、反思总结，其价值在于既解决了企业的关键问题，又提升了人才的能力。人的能力是在解决问题中提升的，如图 3-12 所示。

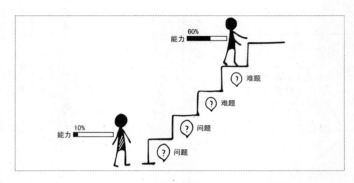

图 3-12　人的能力是在解决问题中提升的

从以往企业中的大量实践来看，行动学习获得良好成果甚至是超出预期目标的比例其实很低。行动学习是一个非常有效的学习方法，但对于组织和团队，特别是人才培养项目组提出了较高的专业能力要求，如果专业能力不足会严重影响行动学习的质量。

行动学习对企业人才培养项目的价值，可以从两个层面考虑，一个是解决具体业务问题本身，一个是解决业务问题中带来的组织能力提升，包括个人层面和管理层面。

个人层面：拓展个人业务广度、挖掘个人业务深度、提升个人心智模式。在行动学习中，每个人可以学习其他相关业务及思考模式，好的行动学习，可以培养员工创造性解决问题的魄力和能力。整体来看，学员可以结合课程学习实践管理思维、组建项目组以塑造个人领导力，通过项目运作练习，梳理认知结构，提升自我认知。

管理层面：通过业务问题解决，对组织架构、管理模式、流程机制进行改善，打破本位主义和部门壁垒，提升跨部门的沟通机制。

针对企业来讲，特别是高管后备的人才培养项目，往往关心的不是业务问题，因为业务问题即便不在人才培养项目中立项，企业也会解决。人才培养项目更重要的职责在于借助项目来提升整个高管后备的认知格局、心智模式和资源整合能力。

具体来说，在一个人才培养项目中，行动学习主要有 6 个环节，如图 3-13 所示。

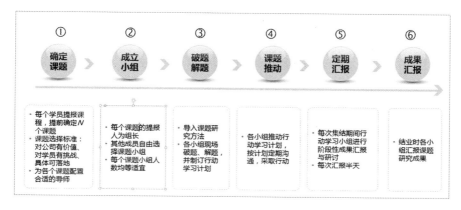

图 3-13　行动学习的 6 个环节

（一）确定课题

在第一个环节有 3 个重点任务，分别是课题提报、课题筛选、配备导师。

1. 课题提报

从以往的行动学习课题来看，在失败的课题中有 30% 以上的课题在选题环节便出现了问题。

行动学习课题的确定，一般有两种方式：自上而下的布置、自下而上的提报。自上而下的布置是指公司高层基于企业未来发展方向及目前发展遇到的挑战，设置多个研究课题，由人才培养项目团队分课题组研究确定；自下而上的提报是指以个人、部门及业务单元在工作中遇到的挑战性问题为核心进行提报，然后经由人才培养项目组汇总，最后从中筛选出优质课题并确定最终课题。在确定时，也有两种方式，一种是高层领导从报选课题中选定，一种是课题小组自行确定。

行动学习课题确定的两种方式各有优劣。

自上而下的布置，一般会更加符合企业的发展方向，更有高度，但是不一定是学员能够掌控的，如果不是主动选择，那么在推动中课题小组就会缺乏积极性。如果是选择了自上而下的方式，那么课题在立项和破题环节，需要在引导师的引导下确定清晰的课题边界，将课题聚焦，在项目组的能力与权限的一定范围内确定课题边界。

自下而上的提报，一般会更加贴近日常业务工作实际，但是在高度上，不一定符合企业未来的发展方向。如果是选择了自下而上的方式，那么在课题选题环节，一定要确保课题的方向符合企业未来的战略发展方向。课题在立项和破题环节，需要在引导师的引导下，站在更高的高度分析课题的定位。

任何方式的课题确定，在操作上我们都会遵循一个基本原则：大处着眼小处聚焦，也就是从企业的高度和全局思考，但是从某个聚焦的问题入手。

在现实中，我们更多会将两种方式融合，以自下而上的提报为主线，兼顾课题的落地与高度的把握。

首先，由人才培养项目组提前将行动学习的相关要求下发给学员，包括整个课题的设置背景、意义、前期操作流程、课题提报要求及课题提报模板。然后，由每个学员提报课题。个人行动课题提报表如表 3-6 所示。

表 3-6　个人行动课题提报表

研究课题提报表				
基本信息				
发起人姓名	集团/分公司/事业部	部门	岗位	直属上级
课题信息				
1. 课题名称：				
2. 背景简介：				

续表

3. 待解决问题：
4. 课题价值 　（1）组织： 　（2）团队： 　（3）个人：
5. 预期成果：
6. 可能挑战：
7. 所需资源与授权：
8. 预计解决时间（多长时间可以解决或是否需要分阶段解决）：

签字确认（打印后手签）	
学员签字	上级签字
以上课题由我提报，内容真实无误，课题的解决对我个人、团队及组织都意义重大，且获得了直接上级的认可同意。我愿意为了问题的解决付出努力，不轻言放弃，整合相关资源，以实现问题的有效解决	该课题为我部门所遇到的真实瓶颈问题，问题的解决对于组织、团队及个人都有重要价值，我期待问题解决，并愿意为问题的研究、解决及落地推动提供必要的信息、资源与支持
姓名： 日期：	姓名： 日期：

学员根据提报要求结合个体的实际情况，用课题提报模板提报课题。在课题提报时，学员所提报的课题必须与直属上级或相关领导沟通，并获得他们的认可后方可提报，在提报材料上需要领导的签字确认。在获得领导认可后，提报学员需要准备并提交课题相关详尽材料，以供课题小组研讨。

为什么需要获得上级领导的认可？一是确保课题能够符合企业未来的发展方向；二是确保课题是目前部门或业务单位所遇到的真实瓶颈问题；三是课题在研究与落地中离不开各种支持，只有获得了领导认可，才能确保课题在推动中能够获得领导的协助与支持。

在数量上，假设某个人才培养项目班级有30名学员，原则上应该收集到30个课题，当然也有少于或多于30个课题的可能性，少于30个课题意味着有人没有提报，或者几个人提报了同一个课题，多于30个课题意味着有些人提报了2个或2个以上的课题。

2. 课题筛选

当课题提报后，需要从中筛选出部分优质课题作为人才培养项目的课题。一般情况下，我们建议5~6人做一个课题，少于5个人力量有限，多于7个人则在推动中很有挑战，且效率不高。如果平均6个人一个课题，30个人就需要5个课题，这时就需要从提报的30个课题中筛选出5个优质课题。

课题筛选过程中，也有两种方式。方式一，直接确定5个课题。领导基于课题筛选标准，直接从30个课题中筛选出5个课题。如果某个重要课题在备选课题池中没有出现，那么领导们也可以从30个课题中筛选出4个课题，另外增加1个自上而下的课题，总计为5个课题。方式二，多于5个课题作为备选。如果30个课题中有多个优质课题，则可以按照1∶1.5的比例筛选多于最终数量的课题，如7~8个课题，最终再由学员自行确定5个课题。如果想要操作更为简单，建议选择方式一，这样在配备导师、小组选题及分组时操作更加简单；如果想要课题提报更有质量，建议选择方式二，由学员自行选出最好的课题，并自愿挑选更有兴趣的课题。课题筛选标准如表3-7所示。

表 3-7　课题筛选标准

序号	课题名称	符合程度（5 分制）						综合排序
		价值性	能解决问题	权限内	无现成答案	学习性	总分	
1								
2								
3								
4								
5								
6								
7								
8								
9								
10								
11								
12								
13								
14								
15								
16								

3. 配备导师

当课题确定后，需要为课题小组配备导师。在课题筛选环节，我们以最终确定的 5 个课题为例，为每个课题小组配备一名导师，则需要 5 名导师。一般情况下，导师以企业内部领导为主，优选被选中课题的直接或间接上级为导师，这样有利于项目的有效推动。当然，也可以选择外部导师，只是在预算和推动中可能会遇到新的挑战。

（二）成立小组

基于学员提报的研究课题，经筛选确定最终课题后，需要对全部学员做课题小组的分组。在开班时，要设计 2～3 个小时的分组与课题破题环节，最好课题导师能够一起参与，既可以参与研讨和辅导，也可以了解课题情况与计划。

在课题小组分组时，需要遵循 3 个基本原则：

原则 1：人数限制。每个课题小组的人数尽量控制在 5~6 人较为合适，适当放宽的限制为 4~7 人，最好不要少于 4 人，也不要多于 7 人。如果是 31 人，可以确定为 5 个课题，则每个小组 6 人，其中一个小组为 7 人。当然也可以是 6 个课题，每个小组 5 人，其中一个小组为 6 人。

原则 2：部门分开。同为一个部门的学员尽量分配在不同的课题小组，除非某个部门的人数特别多，否则建议一个课题小组不要有 2 个同一部门的成员。

原则 3：自由选择。在详细了解每个课题背景等信息之后，采取课题小组招募与自愿的方式，这样有助于课题的后期推动。

课题小组分组的基本流程如下。

1. 信息同步

即对于确定或备选的课题，最好能够在开班前把课题提报资料发给班级全员，让大家对于班级所有课题有一个基本了解。即使提前共享了资料，还是会有很多人没有完全理解课题，所以现场还是需要先让确定的课题的提出者进行简单的课题说明。每个课题在说明时可以进行答疑和拉票，但是需要控制每个课题的说明时间。必要的时候，班主任或课题导师可以进行补充说明。

2. 自由组队

提前将每个课题的提报材料打印出来，张贴于教室的四周。在信息同步完成后，项目组强调课题选择的 3 个基本原则，即人数限制、部门分开、自由选择。随后，每个课题的提出者站在课题材料张贴处，其他学员可以通过进一步的交流、沟通和了解，最终选择一个自己感兴趣的课题。

3. 团队微调

在自由组队中，一般都会出现没有严格遵循分组的 3 个基本原则的情况。情形一，某个课题小组有多人选择，而某个课题小组人数不够，这个时候就需要项目组或导师出面对小组人数进行微调；情形二，同一个课题小组出现多个同一部门的人，除非同一个部门的人数超过小组的数量，否则尽量分开。

4. 组队成功

经过团队微调后，确定每个课题小组的成员。在确定小组成员后，每个课题小组需要选一位课题小组的组长，组长可以是课题的提出者，也可以是其他人。

（三）破题解题

当课题小组分组完成后，现场一定还要做的一件事就是在引导师的帮助下，进行课题的破题，并产出研究课题的开题报告。如果时间有限，开题报告的产出环节可以放在课后一周内完成。

问题分析与解决的六步法，如图 3-14 所示。

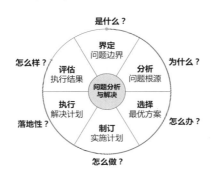

图 3-14　问题分析与解决的六步法

当确定一个课题后，首先要做的是界定课题的内容和边界，这便是破题。在现实中，当遇到一个问题，绝大部分人的本能反应是制订计划和采取行动，而忽略了对于问题的基本界定。如果只有一个课题名称，其内涵可以无限延展，从项目管理的角度来说，首先需要确定项目的边界，然后才能确定资源需求与时间规划。

例如，某个课题为"搭建供应链人才梯队"，这时我们就需要对其做基本界定，如这个课题包含哪些内容、供应链包括哪些部门、如何定义人才与人才梯队、研究对象是所有人还是关键人才、是否包括新员工、是否只是研究人才梯队的分层设置、是否需要研究每个层级的人才标准、课题内容是否包含了评价方式、评价标准、人才来源及招募方式、是否需要研究人才的薪酬设置与激励等。破题的核心是界定边界，简单来说，就是确定研究什么、不研究什么。这是确定课题后需要做的第一步。

课题的破题，可以采用小组结构化的研讨方式产出，也可以结合"世界咖啡"的方式集合整个班级的智慧。基本流程如下。

1. 发散

基于前期对课题信息的同步与理解，不做任何讨论，每个学员独立写出自己认为关于这个课题所涉及的所有子问题，每个子问题写在一张纸条上，写完后将纸条粘贴于课题张贴附近，写的越多越好，建议每人最少写 10 个。

2. 分类

对于所有的问题，基于内容属性做基本分类，可以分为"why""what""how"。课题破题的核心是要界定"what"，但无论如何强调该核心，写出来的内容一定会有"why"和"how"的信息。如果是初次操作，则不用太在意，先让大家自由发散思维，然后做好分类即可。破题环节只对"what"部分做研讨，"why"与"how"的内容是将来研究时需要开展的工作，也是大家的智慧成果，转移并保留即可。

3. 聚焦

通过分类，大家对于要产出的内容已经有了基本的了解，在理解并明确了如何"确定边界"后，大家的目标就基本聚焦了。接下来就要对"what"部分做简单分类，在分类的基础上可以再次发散思维，通过头脑风暴把课题有可能涉及的内容全部写出，然后再次分类，分为大类和小类，如果有必要，那么"发散-分类"的环节可以多次重复，还可以融合"世界咖啡"的方式，整合整个班级的集体智慧，直到穷尽课题可能涉及的所有内容。判断分类是否已经穷尽了课题可能涉及的所有内容，一方面依赖于专业领域的经验，另一方面取决于分类的有效性，即分类时是否找到了划分维度的唯一性。

4. 界定

当穷尽了课题可能涉及的所有内容后，课题小组就需要对边界进行界定。即界定课题在这次的人才培养项目中研究什么、不研究什么、第一阶段研究什么、其他阶段研究什么等。研究内容与边界的确定，主要取决于课题研究的工作量、时长、人力、资源、预算和授权等。

5. 产出

当课题内容与边界清晰界定之后，需要将研讨成果以研究课题开题报告的形式产出。在研究课题开题报告中，既要包括边界的界定，也要包括研究计划、责任分工等其他内容，如表 3-8 所示。同时，小组成员需要共同承诺遵守课题研究公约。课题研究公约如表 3-9 所示。

表 3-8　研究课题开题报告

研究课题开题报告				
团队信息				
发起人姓名	集团/分公司/事业部	部门	岗位	直属上级
课题组长	团队成员			
课题信息				
1. 课题名称				
2. 背景简介				
3. 待解决问题 问题综述				

续表

子问题 1： 子问题 2： 子问题 3： … 子问题 n：
4. 课题价值 （1）组织： （2）团队： （3）个人：
5. 预期成果
6. 研究计划（时间进展） （1）是什么——问题界定研讨 （2）为什么——原因调研与分析 （3）怎么办——制订解决方案 （4）去执行——方案落地执行 （5）再迭代——找到实际执行与目标及方案的差距，改进方案，再执行（结果—目标—计划—执行） （6）做总结——对课题做全面总结分析

续表

7. 团队分工（任务、责任人、时间进展）
8. 可能的挑战与应对措施
9. 所需资源与授权

签字确认（打印后手签）

课题组签字

　　以上课题由我们团队共同研讨确定，内容真实无误，课题的解决对个人、团队及组织都意义重大。我们愿意为了问题的解决付出努力，按照约定计划参与课题研讨与讨论，遵守课题研究公约。我们愿意贡献我们的智慧，不轻言放弃，整合相关资源，有效解决问题

姓名+日期

导师意见

导师签字：

日期：

表 3-9　课题研究公约

课题研究公约
1. 严格遵守团队学习日程，团队研讨缺席超过 2 次，自动退出。 2. 保守秘密，不向无关人员透露敏感信息。 3. 以开放的态度倾听不同意见，并进行深刻反思。 4. 人人平等，勇于质疑，激发小组成员思考。 5. 聚焦问题，解决问题，不进行人身攻击。 6. 自我学习发展，并帮助小组成员成长。 <div align="right">小组成员签字：</div>

（四）课题推动

在确定课题研究计划后，接下来需要落实课题研究计划，包括小组内部研讨、与导师的定期沟通、采取的实操行动。

（五）定期汇报

为了有效推动行动学习课题的研究，对于人才培养项目组来说，一个有力的抓手是阶段性闭环。即从第二次集训开始，每次集训都要做课题的阶段性汇报，以推动课题的进展。

在课题阶段性汇报时，最好能够邀请课题的导师或专家参与，因为这既是课题组向导师汇报的环节，也是人才培养项目组推动导师有效参与的一种方式。

课题阶段性汇报时，一定要让每个课题小组提交 PPT 版汇报材料，课题汇报格式可以参考 STARLP 法则，如图 3-15 所示的格式。

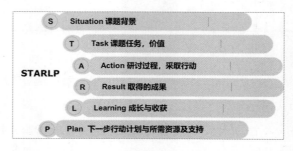

图 3-15　课题汇报的 STARLP 法则

在课题阶段性汇报时，一般给每个课题小组 15 分钟汇报的时间，15 分钟点评与反馈的时间。

为了有效发挥班级其他课题小组的智慧，除了导师与专家，其他小组也可以给予点评反馈。在操作上，可以规定每个课题小组都要对其他小组的课题汇报进行点评与反馈，而每个汇报小组则要提前确定好 1~2 名记录员，做好集体智慧的记录与整理。

如果课题汇报阶段的时间充裕，在所有课题汇报完后，可以采用"世界咖啡"的方式，为每个课题收集整个班级的智慧。为了便于操作，可以做硬性规定，如我们曾采取的方式：5 个课题小组，每个小组 6 个人，汇报完后，每个课题小组可以定向邀请其他小组成员，如每组邀请 1 名成员参与本组课题的讨论。若有必要，可以再次换人，甚至是自由轮换，为每个课题的研究吸取集体的智慧。

阶段性汇报之后，是方案的再次优化、执行、再次汇报闭环。

为了推动课题的研究进展，人才培养项目组可以采取积分激励政策，对按时按质完成汇报的课题组、优先完成汇报的课题组、最优课题组的课题小组全员进行积分奖励，并阶段性对积分进行公布。课题汇报评估表如表 3-10 所示。

表 3-10 课题汇报评估表

维 度	比 例	描 述	满 分
内容	60%	课题有明确的目的和成功图像	10
		课题解题思路清晰、具体	10
		课题研究推动有实质性进展	10
		阶段性成果展示有亮点	10
		汇报有具体的下一步行动	10
		项目推动体现出项目组的资源整合能力	5
		项目推动体现出项目组的团队协作能力	5
逻辑	20%	汇报结构完整，逻辑清晰，衔接自然	10
		重点突出、详略得当	10

续表

维　　度	比　　例	描　　述	满　　分
呈现	10%	语言表达清晰、声音洪亮	5
		表达有感染力	5
时间	10%	时间把控得当	10
合计			100

（六）成果汇报

年底项目结业时，每个行动课题小组要对课题做整体汇报。汇报一定要呈现出课题的阶段性成果、亮点、价值点，以及个人、团队获得的成长。同样的，导师与其他小组进行评分，最终评出优胜行动学习小组。

三、第三条线：辅导线

反馈与辅导，是个人成长中的重要推力。从学习技术的角度来说，针对性反馈，对于技能的掌握至关重要，甚至起到了画龙点睛的作用。同时，反馈也是帮助学员实现自我认知的一种有效手段，所以反馈也有助于个体意识的改变。

辅导线的两种推动方式，一种是配置导师，一种是不配置导师。

第一种配置导师，有 4 个关键环节，分别是导师配置、导师激发、导师赋能及导师辅导。

（一）导师配置

在人才培养项目中包含两类导师：研究课题导师与 IDP 计划导师。研究课题导师，为了协助课题的推动，会为每个研究课题小组配备一名导师。研究课题导师的职责在于帮助课题把握方向、推动研究、提供专业与资源协助。IDP 计划导师，是为帮助每位学员的个人成长计划而配备一名导师，从而为个人成长的方向、路径及资源提供协助、反馈和辅导。

关于研究课题的导师，最好选择在课题领域有所涉猎的高管，而 IDP 计划导师既可以是上级领导，也可以是其他部门领导，上级领导与非上级领导的利与弊，如表 3-11 所示。

表 3-11　上级领导与非上级领导的利与弊

	利	弊
上级领导	• 对学员熟悉、了解 • 辅导学员本身就是本职工作，不会增加额外工作	• 陷入以往的辅导模式，很难从中跳出来
非上级领导	• 对学员不太熟悉，可能会擦出不一样的火花 • 会有两个导师给学员反馈 • 可能会用新的方式给学员辅导	• 对导师来说，增加了工作量

各个企业可以根据自身的实际情况，灵活选择导师。

导师选择标准：有责任心、有担当，对学员成长上心。针对性反馈是学员成长的关键环节，如果导师对此事不上心，反馈不及时、不到位，那么 IDP 计划的效果就会大打折扣。

为了项目推动的可执行性，对于高层管理者的人才培养项目，我们会建议将两类导师合二为一，即某位导师既担任课题小组的课题导师，同时也担任课题小组每个人的 IDP 计划导师。高层管理者的人才培养项目的导师，一般会邀请集团高层担任。对于中基层管理者的人才培养项目，我们会建议将两类导师分开。IDP 计划导师一般情况下由其直接上级担任，课题导师则会从 IDP 计划导师中优选部分人员担任。如果同时启动了高层与中层的人才培养项目，则可以让所有高层人才培养项目的学员担任中层人才培养项目的 IDP 计划导师，同时从高层人才培养项目中优选部分学员，担任中层人才培养项目学员的研究课题导师。如果还有基层人才培养项目，可以采取类似的方式，让中层人才培养项目的学员担任导师的职责。

由此，不但让基层学员得到了辅导，更让高层学员得到了锻炼。从学习技术的角度来说，反馈是技能学习的关键，而"教练"他人则是最好的自我成长方式之一。首先，"教练"他人可以提升自我认知；其次，培养后备梯队本就是高层管理者的核心职责之一。更重要的是，这种成人达己的联动方式，也是建立学习型组织的一种有效途径。

（二）导师激发

为了有效鼓励导师的参与，首先，要让导师有足够的动力，所以在课题提报环节需要导师的认可与签字，让导师主动做出承诺；其次，要从精神上给予激励，所以我们一般会设计导师聘书、设置拜师仪式，认可导师的价值，鼓励其积极参与；最后，更要从职责和制度上，对导师提出要求，有效推动课题与 IDP 计划的落地。如果是一年周期的人才培养项目，最好每个月课题小组都要和课题导师沟通一次，每次沟通辅导环节不得少于半个小时。同样的，IDP 计划导师也需要定期与学员进行沟通、辅导和反馈。可以有多种沟通方式，如在线沟通或面对面沟通。面对面沟通的辅导价值是在线沟通所不可替代的，所以我们会规定每个季度最少有一次面对面沟通。为保障制度的落地执行，我们会在导师聘书的背面对导师的工作职责做出规定，并在拜师仪式环节让导师确认和签字。

（三）导师赋能

导师赋能有两个关键点，一个是让导师意识到，定期给学员反馈是一种非常有效的团队培养的方法，让他们从意识上重视这件事情；另一个是输入基本的辅导模型，辅导的通用模型是 GROW 模型，即 Goal——明确目标、Reality——厘清现状、Option——解决方案、Will——行动意愿。

一方面在开班时或者项目刚启动时，完成导师第一轮赋能，即导入 GROW 辅导模型；另一方面需要定期组织导师们一起复盘，可以在每次集结时安排 1 个小时左右，设计导师之间分享与交流的机会，项目组也要给予一定的反馈，既提升导师辅导的技能，又可以更好辅导学员，同时对于导师本身也是一次学习与成长。

（四）导师辅导

学员在制订行动课题推动计划及 IDP 计划时，已经明确了与导师沟通的时间与频率。导师需要及时响应学员的需求，参与大家的讨论，给予针对性反馈。学员在与导师交流中会有诸多收获与心得，这些要及时记录下来存档，以便及时回顾，加快课题推动及个人成长速度。行动课题导师辅导记录表和 IDP 计划导师辅导记录表如表 3-12 和表 3-13 所示。

表 3-12　行动课题导师辅导记录表

行动课题导师辅导记录表				
一、团队信息				
发起人姓名	集团/分公司/事业部	部门	岗位	直属上级
课题组长	团队成员			
二、课题信息				
1. 课题名称				
2. 课题进展简述				
3. 沟通内容简介				
4. 导师反馈意见　　　　　　　　　　　　　　　　　导师签字： 　　　　　　　　　　　　　　　　　　　　　　　日期：				

表 3-13　IDP 计划导师辅导记录表

第＿＿＿次辅导					
时间		地点		导师	
沟通主要内容					

续表

我的个人收获
导师反馈意见
导师签字

　　如果是第二种不配置导师情况，关键点是教会学员如何在组织内找到适合自己的导师，并学会如何最大化利用导师资源，帮助自我成长。

四、第四条线：学习线

　　从学习技术的角度，对于个体来说，学习是输入，为了将其有效转化为能力，需要关注内化与输出；对于一个人才培养项目组的全班学员来说，学习则是共性内容的输入，学习方式的设计以及学习之后知识的内化。

　　学习线设计要考虑 3 个问题：学什么、怎么学、怎么用。

（一）学什么

　　整个人才培养项目会从自我、专业、团队、商业、综合 5 个维度设计输入内容，同时整个学习内容要根据人才培养项目的时间跨度来设计。

　　如果是一个三年的人才培养项目，首先，需要明确整体人才培养项目的培养目标；其次，要对项目做出整体规划，并明确培养侧重点；最后，要想清楚三年学习内容之间的区别和联系。

　　这里以我们之前合作的一个为期三年的高阶管理者人才培养项目为例来

说明（见表 3-14）。（因为该项目是高管人才培养项目，且各高管来自不同事业部和部门，所以没有涉及专业相关培训内容。）

表 3-14　三年的高阶管理者人才培养项目示例

维度	2019 年	2020 年	2021 年
培养目标	重点提升"自我"与"商业"，触动自我认知，激发学习动机，明确个人提升方向	继续夯实"自我"和"商业"，重点提升学员个人领导力	全面夯实"自我"、"商业"和"团队"，成为一名优秀的高阶管理者
自我	"自我认知"	"人格心理学" "对卓越的投资"	"发展心理学"
团队	行动学习课题	"卓越领导力" "人才梯队建设"	"教练技术" "组织行为学"
商业	"企业管理闭环"——标杆游学 "企业经营沙盘"	"商业模式"	"战略规划与战略解码"
综合	"商务演讲" 行动学习课题	"创新思维"	无

从表中可以看到，每一年的培养目标和重点是不一样的，而且三年的培养目标是衔接且不断递进的。

第一年重点要激发学习动机，建立学员的商业敏感度。

第二年会继续深化自我认知和商业敏感度。自我认知的内容和方法也会继续深入。第一年是通用的自我认知方法，而到第二年会有人格心理学。在商业层面，第一年通过标杆游学，建立企业管理闭环的全貌，第二年会提升到商业模式的理解和洞察。另外，除自我和商业外，在重点提升学员的团队领导力方面，会加入如"卓越领导力"和"人才梯队建设"的内容。

第三年是全面夯实自我、团队和商业的专业度，内容上会更加深入。

那么具体到一年的人才培养项目，培训内容要如何设计？

一般来说，我们建议一年 4～5 次集结比较合适，每隔 2 个月一次集中学习，如 3 月、5 月、7 月、9 月、11 月。

这里以前面为期三年的人才培养项目第一年的设计为例来说明（见表 3-15）。

表 3-15　人才培养项目第一年的设计示例

维度	模块一	模块二	模块三	模块四
主题	自我	商业	团队	综合
内容	开班仪式+人才定位与标准 行动学习导入 自我认知与IDP计划 DISC行为风格	企业管理闭环-海尔游学游学研讨	企业经营沙盘结合自我与课题的研讨	商务演讲 行动学习+IDP成果汇报 结业仪式（0.5天）
时间	3月，3天2晚	6月,2天1晚	9月，3天2晚	12月,2天1晚

（二）怎么学

以前的学习是以课堂讲授为主，如今随着科学技术的不断进步，可以选择的学习方式越来越多。

1. 线上学习

现在线上学习资源和方式越来越多，线上学习打破了时间和空间的限制，受到了企业的青睐，也有越来越多的企业建立了 E-Learning 学习平台。线上学习在人才培养项目中可以作为线下学习的辅助，如课前的预习、前置知识的导入、课后的复习，都可以通过线上学习来实现。

无论是知识类、技能类还是意识类，都包括了基本的知识类内容，而知识类的内容都可以在课前以线上的方式，实现传递和学习。线上学习既打破了时间和空间的限制，也降低了项目成本，更节约了时间成本。讲师可以提前了解学生的学习困难，从而在线下集训时更有针对性地对其进行辅导。

线上学习不仅是讲师提供线上学习资料，也可以通过提问和布置作业的方式促进学员思考和学习，还可以提供在线辅导。只是对于不同的内容，线上学习的方式和问题的设置各有差异。

以高层管理者后备梯队人才培养项目为例。

对于宏观环境趋势、企业管理的基本常识来说，它们均属于知识类为主，知识类比较好的学习方式是结构化、场景化和比拟化，因此在线上教学时讲师需要注意知识内容传递的结构化。设置的问题可以是要求学员画出一张课程内容的结构图，或者是结合企业实际的结构图，也可以要求学员尝试将课程内容给别人做一次分享。从学习技术的角度来说，结构化有助于内化，分享虽然是输出，但通过输出可以倒逼内化，这些方式都将极大地提升学员的学习效率。

对于团队管理、后备梯队培养等内容，均以技能为主，线上学习主要以必要知识讲解与技能示范为主，如果线上技术允许，那么讲师一定要有示范视频，这更有助于学员的学习和掌握。设置的主要作业一定要基于线上学到的技能。在线下集训之前，要求学员在工作中实际应用几次，最少也要应用一次，并且记录下遇到的问题与感受，到集训时再进行交流、反馈与辅导。从学习技术的角度来说，对于技能的学习，在线下集训前便完成了"模仿性学习"与"刻意练习"。因此，从整个组织的角度来看，这种学习技术的学习效率定将会事半功倍。

对于系统思维、全局意识等内容，均以意识为主。线上学习主要以补充必要的知识概念为主，也可以加入案例的分享。设置的主要问题，可以是新知识的实践，也可以是基于学习到的意识去定向收集一个现实中的正反案例。从学习技术的角度，对于意识的触动与改变，最好的方式是体验，其次是案例。一般情况下，线上学习只能做到案例的分享，但只有亲身体验，才能真正转变意识。

2. 标杆游学

从学习技术的角度来说，对于学习者的最大价值是改变意识，其次才是方法与工具。我们习以为常的事情，在别的企业可能完全是另外一番景象；我们认为不太可能做到的事情，别的企业已经做到了而且做得很好，这样真真切切的案例更能触动人。从另外一个角度来说，标杆游学，对于拓宽学员认知边界的价值是不可替代的。丰富的工作经验，对于企业中高层管理者来说，是一份宝贵的财富，也是企业越过下一道分水岭的天然屏障，所以在很多时候，拓宽中高层管理者的视野远远重要于一些具体知识和技能的学习。

标杆游学的目的。从认知结构的角度来说，以拓展认知边界，即认知宽度为主；从学习内容来说，主要是意识的改变；从学习方式来说，通过参访标杆企业等体验，改变和完善原有的认知结构。

标杆游学的价值。从学习技术的角度来说，标杆游学本质上是一种案例和榜样的示范式，其价值不在于学习具体的方法，而在于打开思维的大门。通过改变传统的惯性思维，从别人的实践中看到原来认为不可能的事情，别人已经落地并取得成果，这种体验是标杆游学最大的价值所在。

标杆游学中的"坑"（见图3-16）。在现实中，标杆游学中有无数个"坑"，如果不慎掉入"坑"内，那么游学的价值将大打折扣。

图 3-16　标杆游学中的"坑"

第一个"坑"：标杆选择。很多企业在选择标杆企业的时候，只选择知名企业，而忽略了针对性。

第二个"坑"：游学内容。前期对接沟通不充分。很多知名企业都有标准的接待流程，标杆企业只是讲了他们想讲的，而游学者没有听到自己想听的。

第三个"坑"：分享嘉宾。接待分享的嘉宾职位、资历或分享水平有限。一方面对于企业的标杆实践亲身经历不够，无法分享出实操的细节；另一方面有不错的经历，但是分享不出真正的价值点。

第四个"坑"：学习转化。对标杆企业参访学习后，经常会出现两个极端，要么完全照搬，要么完全不做改变。

当我还在中粮集团工作时，初次操作标杆游学时便不慎掉入"坑"内。我们通过某家知名商学院的协助，选择了一家当年如日中天的企业，因为中粮集团当年的战略是打造"从田间到餐桌的全产业链"，而标杆企业在生态系统打造方面堪称行业标杆，特别是与互联网的融合，更是值得中粮这种传统企业参观学习。但在参访时，除了标准的参观线路，第一个嘉宾分享的内容明显偏离主题，第二个嘉宾分享的内容虽然靠近主题，但他只是在做企业的品牌推广。

第二个坑与第三个坑都是前期沟通对接的问题，所以游学中的"坑"也可以分为三大类：选择、沟通、游学。要想避开这些"坑"，也需要从这三方面改进。

标杆企业选择。标杆企业的选择就像高考填写志愿一样，知名院校肯定不差，但是对于你要填报的专业未必是最佳选择。所以，标杆企业的选择，首先要明确参访学习的目的，是要学习战略制定、组织架构设计、财务管理，还是要学习精益生产、市场营销。目的越明确，目标的标杆企业就越聚焦。明确目的后，就可以筛选标杆企业了，这需要项目组通过多种渠道调研并收集数据与信息。在筛选范围上，除专业领域的标杆选择有行业属性限制外，绝大部分的标杆游学，跨行业的标杆选择更有学习价值，关键要看游学的目的与心态。例如，对于船舶制造业，从专业技术领域来看，也许互联网和传统的家电行业与其相距甚远，但是如果游学的目的是想要学习关于研发创新、组织激励的内容，其实基本上没有行业的差异。

游学前的沟通。标杆企业选择的过程其实也是沟通的过程。在沟通过程中核心聚焦在两点：内容与嘉宾。首先，需要明确我们游学想要学习的内容。例如，目标企业是否是标杆、是否值得学习、是否有最佳实践、是否可以对外分享。如果没有最佳实践，或者不能对外分享，那么该企业绝对不是我们的标杆选择对象，我们需要像选择一门课程一样对目标企业进行评估。其次，需要确定分享的嘉宾。嘉宾的选择也是影响游学质量的关键。嘉宾需要在游学内容的领域有足够的实践，也需要有基本的职位与职级，最好有过丰富的分享经验，否则很难带来一场精彩的分享。当然，游学沟通中还包括一些其他的事情，如时间、场地、差旅、食宿等运营的相关事情。

游学中的转化。游学不是为了参观而是为了学习，所以游学中的转化设计至关重要。

游学前，可以提前提供相关信息，让大家对于游学企业和游学主题有所了解，包括相关的资料、文章、图书、视频等，甚至可以结合企业本身设置一些相关问题。例如，我们曾带领一家企业游学海尔的战略制定。我们在游学前会提供诸多资料，同时会提出3个问题：问题1，贵企业的战略是如何制定的？在战略制定时思考的第一个问题是什么？问题2，对于贵企业的战略落地，你及你所在部门的核心价值是什么？问题3，假如未来有一天贵企业被打败，你觉得对手是谁？我们失败的主要原因是什么？

游学中，除了嘉宾的单向分享，至少还要预留半个小时进行提问交流，以此来避免学员没有听到他们想听的内容。如果课前有充分的沟通和评估，那么游学中非常有价值的学习输入应该来自提问交流环节。有时候并不是嘉宾不愿意分享大家想听的内容，而是基于惯性思维，以及不清楚大家的真正需求，所以他只是分享了他认为重要的内容。

游学后，一定要做总结和转化研讨。一般我们会在游学交流后，预留出半天的时间进行总结和转化研讨。总结就是针对游学过程中学到的内容画出知识结构图，通过结构化帮助大家从知识层面做好内化。可以要求每名学员根据自己学到的内容画出知识结构图，然后通过班级微信群进行共享，其后可以在班级内进行交流。标杆游学设计示例如图 3-17 所示。

图 3-17　标杆游学设计示例

3．工作坊

区别与传统课程，工作坊更多的是通过输出倒逼输入和内化，在形式上不是侧重于讲师的输入，而是侧重于输出的研讨，进而基于需要进行输入，最终进行更好的内化学习。对于一个优质的人才培养项目，在项目的后半段，输入已经不是人才培养项目组所要关注的重点了，如何帮助大家更好地输出将是人才培养项目组的核心任务。多种形式的工作坊是较好的形式选择之一，如案例工作坊、"私董会"等，针对某个具体案例进行实操性分析，并持续跟进，这样的学习对于传统的学习将是极好的补充。

（三）怎么用

学习最终的目的是学以致用，在学习环节中一定要重视总结与应用。

"怎么用"有 4 个关键环节，分别是梳理知识结构、归纳对个人的启发和借鉴价值、构建应用场景、明确下一步行动。

以一个人才培养项目中设计的海尔游学为例来说明如何在一次学习项目中落实这 4 个关键环节。海尔游学是半天的参观、一天的学习，同时设计了半天的内化环节。

1. 梳理知识结构

学习知识较好方法之一是画知识结构图，它可以帮助学员很好地梳理和内化知识点。

平时培训中做学习总结往往是让学员分享 1~3 点个人收获。很多时候，收获只是一些散的点，每个人输入之后都会有点状的收获，但缺乏对知识的深加工。画知识结构图，需要学员找到这次培训内容的核心要素，以及要素之间的链接，并用图形呈现出来，需要对输入的知识不断"咀嚼消化"。画知识结构图只是要求把所学的内容再消化，不需要考虑个人的启发和收获。

梳理知识结构，具体的操作步骤如下。

① 每个学员将两天学习的知识点，用 A4 纸画出一张知识结构图，右上角写上自己的名字。

② 组内顺时针轮流传递，每个学员通过查看别人的知识结构图，考虑别人的图与自己的区别，思考别人这样画的原因，直到每个学员拿回自己的知识结构图。

③ 每个学员将自己的知识结构图拍照上传到班级微信群内，形成沉淀，大家互相学习。

通过沉淀，会增强学员的收获感，这样就完成了第一轮的知识梳理与内化。个人知识结构梳理示例如图 3-18 所示。

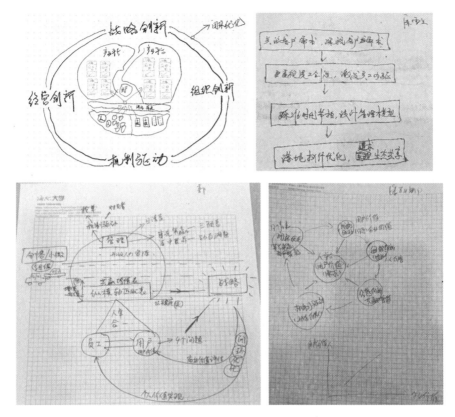

图 3-18　个人知识结构梳理示例

在个人做完总结后，接下来要做小组学习的总结。具体操作如下。

① 每个小组组内交流，用大白纸画出一张知识结构图，右上角写上小组名字，上传到微信群内。

② 小组代表分享，其他学员及讲师即刻给出反馈。

在之前个人学习总结中，每个人都有自己的思考和产出，而在小组学习总结中，大家需要不断进行思想碰撞，从而确定最后的知识结构图，这个过程既可以吸收他人想法，也可以为每个学员继续深化个人思考提供机会。把这些成果沉淀下来，增强大家的收获感。小组知识结构梳理示例如图 3-19 所示。

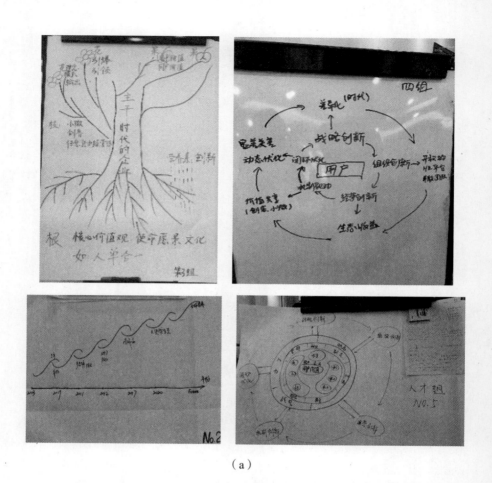

（a）

图 3-19　小组知识结构梳理示例

（b）

图 3-19　小组知识结构梳理示例

2．归纳对个人的启发和借鉴价值

将所学的知识内化后，要归纳学习对个人的启发和借鉴价值。具体的操作步骤如下。

每个小组讨论这两天培训的启发和借鉴价值，并进行归纳整理，标出最重要的五点。将成果输出上传到微信群内。启发与借鉴示例如图 3-20 所示。

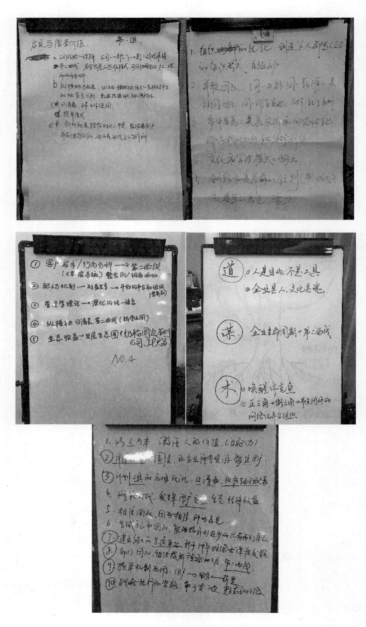

图 3-20　启发与借鉴示例

3．构建应用场景

启发和借鉴关键是要应用到日常工作当中。具体的操作步骤如下。

① 每个学员选择其中一点，并分析其可借鉴之处。

② 每人利用 ADVANCE 工具思考应用场景，将成果输出上传到微信群内。

为了帮助学员更好转化，我们开发了一个游学的转化研讨工具——ADVANCE。ADVANCE 转化表如表 3-16 所示。

表 3-16　ADVANCE 转化表

序　　号	问　　题	内　　容		
1 Acquirement	最大的收获是什么			
2 Difference	在应用时，海尔与我们最大的差异是什么			
3 Value	对于企业的借鉴价值是什么			
4 Application	我们可以应用在哪些工作场景中	1	2	3
5 Need-to-do	我们需要做什么			
6 Challenge	可能遇到的最大挑战是什么？如何应对			
7 Effect	主要成果是什么			

第一个问题：最大的收获是什么？也就是从刚才小组讨论的那些关键启发中，挑选一条对个人的最大收获。

第二个问题：在应用时，海尔与我们最大差异是什么？举例来说，当时接触海尔的三店合一，我们最大的触动是用户思维，但海尔是 B2C 业务，我们是 B2B 业务，我们没有三店。因此，这里是让学员看到标杆企业和自身企业的差异在哪里，求同存异。

第三个问题：对于企业的借鉴价值是什么？也就是说，这个收获对企业来说，最大的价值是什么，可以学习的价值点是什么。

接下来就是思考，你可以把这个价值点应用在哪些工作场景中？具体需要做什么？可能遇到的最大挑战是什么？如何应对？最后希望收获的主要成果是什么？

通过这 7 个问题的思考，可以帮助学员将学习中的收获做深入的应用思考。

4. 明确下一步行动

学员思考到应用场景是不够的，需要更近一步落地，确定下一步具体的行动是什么。具体操作如下。

① 每个学员至少列出 3 个下一步行动，写在一张大的纸上，包括时间、动宾短语、成果。注意，这里的纸要大一些，用马克笔写，这样大家才都看得清。

② 现场找 3 个不熟悉的学员互相交流一下。找 3 个不熟悉的学员交流是为了促进班级学员之间的关系，同时也为神秘镜子伙伴创造了机会。

③ 将写好下一步行动的纸贴在行动墙上，分成 4 个时间段，当天完成、周内完成、月内完成、未来完成。

④ 最后所有人就可以看到接下来一周、一个月、甚至三个月所有人的行动计划了，这相当于当着全班同学做了一个行动承诺。

通过以上 4 个步骤，先是个人和小组学习总结，接着是对于个人的启发和借鉴价值，再到构建应用场景，以及下一步行动，能够真正帮助学员对两天所学的知识有一定的内化吸收。

对于每一次的学习，如果都能将"如何应用"重视起来，那么用学习技术的原理来说，就是用输出倒逼加工、储存，就能更好帮助学员优化知识结构。

五、第五条线：评估线

人才培养也是人才选拔的过程，在整个人才培养项目中，项目组要有人才评估的意识和行动。

1. 评估维度

从专业角度来说，评估也就是人才测评，是一个非常专业的工作。一般的做法是先提炼评估维度，再来构建能力模型。

例如，某个测评公司会把管理人才的能力模型分为以下三类：

- 适配因素：包括管理风格和管理个性。
- 动力因素：包括组织忠诚度和职业锚。
- 能力因素：管理技能和商业推理能力。

在一个人才培养项目中，我们应如何简单又有效地进行评估，为人才选拔和储备做准备呢？

因为能力评估是一个非常专业的工作，我们可以利用典型任务来做评估。

首先，输出人才标准的能力维度，包括一级目录、二级目录，并对各个能力维度做出明确的定义和解释，同时对各个能力维度的标准行为进行描述。

评估时，可以将学员的真实表现与这些行为标准做对比，从而评估学员的真实能力水平。

2. 评估方式

工作场景评估，可以在公司的任何会议中，如年度经营会议、年中述职大会，通过学员的表现和所呈现的内容，来评估学员的能力；

上下级评估，可以和学员的上级或者下级进行沟通访谈，来评估他在这些能力维度上的表现；

设计评估活动，可以参考学员在整个人才培养项目中的表现，他表现出来的管理能力、在课堂上的分享及其他学员对他的评价等都可以作为人才评估的参考。

虽然这种评估不够精确，但对于我们选拔后备人才是足够的。

人才培养项目的设计是为了执行推动与结果，是以终为始的考虑。为了更高效地培养合格人才，人才培养项目设计主要包括 5 条主线：认知线、行动线、辅导线、学习线、评估线，5 条主线之间并不是互相孤立的，而是相辅相成的。

在实操中，一个人才培养项目一般不用同时设计 5 条主线，因为这会涉及大量的运营工作，可以选择其中的 2~3 条线作为主线。例如我们之前和某知名互联网企业合作的一个管理人才培养项目，就以认知线、辅导线、学习线为主，而和另外一家知名的家电企业合作一个营销人才培养项目时，则以行动线、学习线、认知线为主。所以，要根据人才培养项目的目标，考虑项目可投入运营的人力、物力，选择适合的主线，设计整个人才培养项目。

第四章

Operation 运营：项目推动落地

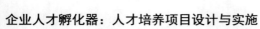 第一节　项目筹备

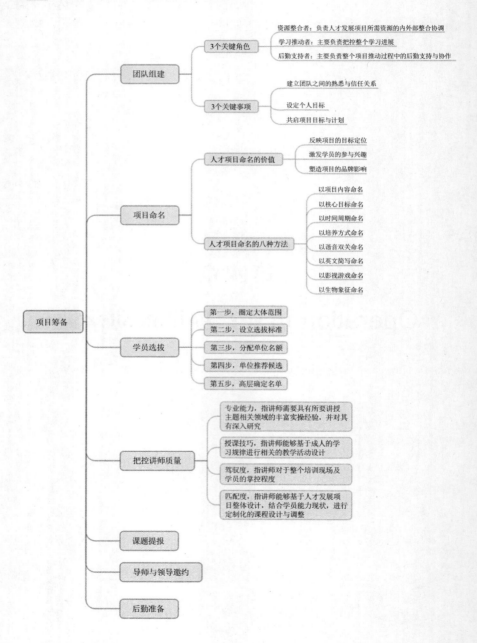

- 项目筹备
  - 团队组建
    - 3个关键角色
      - 资源整合者：负责人才发展项目所需资源的内外部整合协调
      - 学习推动者：主要负责把控整个学习进展
      - 后勤支持者：主要负责整个项目推动过程中的后勤支持与协作
    - 3个关键事项
      - 建立团队之间的熟悉与信任关系
      - 设定个人目标
      - 共启项目目标与计划
  - 项目命名
    - 人才项目命名的价值
      - 反映项目的目标定位
      - 激发学员的参与兴趣
      - 塑造项目的品牌影响
    - 人才项目命名的八种方法
      - 以项目内容命名
      - 以核心目标命名
      - 以时间周期命名
      - 以培养方式命名
      - 以谐音双关命名
      - 以英文简写命名
      - 以影视游戏命名
      - 以生物象征命名
  - 学员选拔
    - 第一步，圈定大体范围
    - 第二步，设立选拔标准
    - 第三步，分配单位名额
    - 第四步，单位推荐候选
    - 第五步，高层确定名单
  - 把控讲师质量
    - 专业能力，指讲师需要具有所要讲授主题相关领域的丰富实操经验，并对其有深入研究
    - 授课技巧，指讲师能够基于成人的学习规律进行相关的教学活动设计
    - 驾驭度，指讲师对于整个培训现场及学员的掌控程度
    - 匹配度，指讲师能够基于人才发展项目整体设计，结合学员能力现状，进行定制化的课程设计与调整
  - 课题提报
  - 导师与领导邀约
  - 后勤准备

人才培养项目，不是单次培训，也不等于单次培训之和。如果仅从工作量来说，人才培养项目的工作量要远远大于单次培训之和。因为单次培训之间没有衔接，重点工作在每一次的集训里，而对于人才培养项目，每次集训只是一个支点，重点是整个人才培养项目期间 5 条线的推动，以及每个支点之间的衔接。工作量大小与内容复杂度的差异，最初便体现在人才培养项目的筹备期。

人才培养项目后期推动的有效性与项目开班前的筹备工作密不可分。一般一年周期的人才培养项目，至少需要提前 3 个月进行筹备，也就是从公司决定做人才培养项目那一刻开始，往后顺推 3 个月以后再正式开班。因为这期间不但需要写方案、做汇报、走流程，更有大量的筹备工作需要提前准备。当然，现实中也有更短的筹备期，如 2 个月甚至是 1 个月的筹备期。筹备期的长短关键要考虑整体项目的复杂度、项目组需要负责的工作，以及项目组的成熟度。如果人才培养项目中没有那么多内容需要设计，或者有些工作不由人才培养项目组负责，又或者项目组很有经验等，那么筹备时间便也可以缩短。

一般情况下，人才培养项目的前期筹备主要包括 7 个方面，包括团队组建、项目命名、学员选拔、把控讲师质量、课题提报、导师与领导邀约、后勤准备。

一、团队组建

人才培养项目涉及周期较长，一般以一年为主，过程中有大量的工作需要推动。人才培养项目人员对象包括几十名学员、多个讲师、供应商、公司领导及培训场地等其他各方需要对接和管理的人员，所以每个人才培养项目都需要组建一个项目组团队，整个项目组的水平与能力状况，会极大地决定整个人才培养项目的成败和最终质量。

在项目组的组建中，一般会设置3个关键角色：资源整合者、学习推动者、后勤支持者。

资源整合者，负责人才培养项目所需资源的内外部整合协调。包括上级领导及导师的沟通与预约、外部师资及专家的筛选与邀请，甚至是某些资源需要以公司的名义来沟通协调，如红色教育基地学习、兄弟单位的参观交流、党政机关资源的沟通等，都需要以公司的名义来协调推动。这些工作对于资源整合者有着较高的要求，包括年龄、阅历、在公司的资历、层级、各方人脉资源等。当然，更重要的还有项目推动能力，否则项目在推动过程中的效率会非常低，因为一个长周期的人才培养项目离不开各方资源的支持。

学习推动者，主要负责把控整个学习进展。包括整个人才培养项目目标的确定、课程配置、讲师筛选、学员现状的了解、学习进度把控、学习内容的转化、课后作业的跟进、研究课题与IDP计划的推动、每位学员学习档案的记录，甚至是整个项目期间多场学习研讨工作坊的引导。所以，为了对大家最终的学习成果负责，学习推动者需要具备培训的专业知识与技能，包括对于能力素质模型建模、调研问卷设计、引导与"教练技术"等。

后勤支持者，主要负责整个项目推动过程中的后勤支持与协作。整个长周期人才培养项目的顺利推动，离不开大量的后勤支持工作，包括预定教室和研讨的各种场地，沟通住宿酒店，协调培训期间的一日三餐、课间甜品茶水、笔墨纸砚，游学时候的行程差旅，培训所需的各种物料，如学员手册材料、班服、宣传资料等。后勤支持者的工作琐碎而繁杂，如果后勤保障没有到位，会极大地影响学习计划，一辆大巴车的延误或者是午餐的意外情况，也许会导致整个课程的调整。所以，后勤支持者需要耐心、细心、积极、主动，最好是具备一定的经验，否则整个项目组都会由于各种学习之外的突发状况，陷入手忙脚乱的境地里。

上述三者为三种角色，不完全等同于3个人。在现实中，也许某个项目组只有两个人参与，这就需要某个人兼职两个角色；或许某个项目组有5个人参与，其中某个角色的工作便可以由多人分工协作完成。从我们以往的项目经验来看，一般项目组会有两人全职，主要是负责学习推动者与后勤支持者的工作，而资源整合者往往会让职级更高的领导兼职担任。

当我们为人才培养项目组建完标准的项目组之后，一定还要做的一件事就是进行项目组团建，因为项目组个人的动机与团队之间的信任默契，对于项目的整体推动效率至关重要。在现实中，除非大家已经合作过多个类似项目，否则团建还是非常有必要的，因为项目小组中要求的密切配合程度远高于日常工作中的简单了解。

项目组组建时，主要需要做好三件事：建立团队之间的熟悉与信任关系、设定个人目标、共启项目目标与计划。

首先，建立团队之间的熟悉与信任关系。特别是当团队中有新人加入的时候，这个环节变得尤为重要。有了熟悉才会有信任，有了信任才会有默契与高效配合，有了默契与高效配合才会有项目的高质量推动。信任的建立有多种形式，也许是一次聚餐，也许是一次徒步，也许是一场活动，但是无论哪一种方式，都要确保每个人都对其他人要有足够多的了解，否则将很难保证项目的推动效率和推动质量。

我们曾在一个项目中，让每个人向大家介绍自己成长中最自豪的一件事与最遗憾的一件事，并分享我们未来的人生目标。在另外一个项目中，我们让大家分享自己最喜欢的人和事及最不喜欢的人和事。从一个人的过往、未来方向，以及他的"爱恨情仇"中，我们便会对这个人有一定的了解和理解，而更深入的了解，确实需要在工作中不断磨合。所以如果有必要，其实也可以在项目推动中，再次团建，直到大家彼此信任关系建立。如果项目组内没有建立起熟悉与信任关系，那么对于整个项目组和人才培养项目都将会是不利的。

其次，设定个人目标。如果项目只有项目目标，团队成员就会觉得只是在完成一项工作任务，他们能够做到的最多是尽力而为。而当所有人都觉得是在为自己奋斗的时候，其工作动力、精力付出、斗志与韧性，都将是另外一种状态。项目目标与个人目标密不可分，从操作技巧上，我们建议优先设定个人目标，再将个人目标融入项目计划中来。在建立信任之后，召开项目小组启动会，优先让每位团队成员确定自己的成长计划，即期望在项目中获得哪些成长、收获和突破。

最后，共启项目目标与计划。团队共同制订整个项目的项目目标与行动计划，因为没有项目的成功就一定不会有个人的成长与收获。在建立团队信任并确立个人成长计划后，大家便会积极贡献自己的智慧，对自我提出更高的要求，主动承担项目中的责任，由此项目才会顺畅推动。

二、项目命名

人才培养项目命名是人才培养项目筹备中的一个重要环节。好的项目名称既能明确包含项目主要信息，又能准确传递项目目标和对项目的期许；既能体现专业性、规范性，又不乏创意性。好的项目名称对学习参与者的吸引力及项目品牌的塑造力都至关重要。然而，现实常常是名称规范却千篇一律，标新立异却不知所云，有的无力、有的"自嗨"。那么，如何命名才能为你精心设计的人才培养项目锦上添花呢？

（一）人才培养项目命名的价值

1. 反映项目的目标定位

人才培养项目的名称是学习内容定位的集中反映。项目名称可以明确项目的培养对象，可以表达项目的学习价值，还可以概述项目的学习内容。

2. 激发学员的参与兴趣

一个富有内涵，给人印象深刻的项目名称，可以让学员产生良好的第一印象，吸引目标学员的关注，并能激发学员参与的动机和兴趣。

3．塑造项目的品牌影响

当项目获得参与者喜爱和认可时，项目名称就可以起到持续宣传的良好效果，增进后期参与者的关注和向往，成为公司人才发展的品牌项目。

（二）人才培养项目命名的八种方法

1．以项目内容命名

这是较为常见的命名方式，名称的结构通常是"培养对象+培训主题"，其特点是简单实用、一目了然，但缺乏新意和创意。如：

新员工入职培训项目；

销售精英训练营；

中层干部能力提升项目；

高潜人才培养项目。

2．以核心目标命名

这类项目命名突出了项目的目标价值，可以时刻提醒项目利益相关者以目标为导向。如：

销售技巧行为转化项目；

在战争中寻找将军——头狼计划；

用行动改变中层管理力项目；

生意快乐——零售经理经营训练营；

职业心动力——二次创业开门红；

全面提升员工岗位胜任力 SPARK 项目。

3．以时间周期命名

这类项目的命名强调学习时间或项目周期，能够促进学习进度的合理安排，比较适合特定时间学习的项目。如：

阳光夜校；

一小时学习坊；

蝶变 23 天拜访训战项目；

新经理 90 天培养项目；

中国学习月项目。

4. 以培养方式命名

这类项目一般采用比较特别的学习方式，期望新颖实用的学习方式带来良好的学习效果。因为这种命名方式容易给项目造成形式单一的不利影响，所以要慎用。如：

"大咖说"项目；

一路向北——特级讲师训练营；

玩转职场——大学生培训项目；

政企"铁三角"训产合一实战项目；

行动教练高管人才培养项目；

一鸣惊人——Talk Show 项目。

5. 以谐音双关命名

这是比较有创意的命名方式，可以选择将与公司文化或项目内容有关的元素巧妙地嵌入到项目名称中。既可以一语双关，又能突出特色，让人耳目一新。如：

i——人才培养项目；

"星青年"管培生培养项目；

"习行移动"新员工培养项目；

"营"之有道销售人员培养项目；

"兴梦想"高潜人才培养项目；

"润卓悦"中层管理者培养项目。

6. 以英文简写命名

采用英文名称或核心单词的首字母组合命名也是常用的命名方式，尤其是外企。当然这种命名方式要注意对尚未达成业内普遍共识的缩写词，需要在人才培养项目开始时做介绍。如：

SHINE 年轻人才培养项目；

TLTC 业务主管学习发展项目；

QEDP 质量工程师人才培养项目；

米航 CAMP 高潜人才发展计划；

EAGLE 一线高潜力人才培养项目；

JUMP 后备干部特训营；

SFDC 人才培养项目。

7. 以影视游戏命名

当前很多热门影视节目、网络游戏等文化娱乐项目，也是非常值得人才培养项目命名引用的。这样做不仅能激发学员参与的积极性，在学习设计中也可以引用其中的形式，增强体验感。如：

超人联盟——孩子王店总经理培养；

"夺宝奇兵"新人训练营；

"魔法四力"——场景化管理者训练；

"兴际争霸"新员工培养项目；

四级经理"王者之路"战训营。

8. 以生物象征命名

这也是人才培养项目命名的一种常用方法。根据动物或植物的特征，结合项目对象或目标命名。如：

蜂鸣计划；

新任经理菁雁人才培养项目；

千里马高绩效业务项目；

鹏之翼置业顾问项目；

小天鹅管培生培养项目；

鹰之启翔 Hero N1 特训营。

注：以上人才培养项目均为 CSTD 全国学习设计大赛往届获奖项目

命名是品牌建设中至关重要的环节。人才培养项目命名包含了很多内容，不仅需要对项目高度总结、对内容提前梳理、对企业文化深度理解，同时还要注意名称要尽量简单，通俗易懂，符合用户的认知，方便理解和记忆，切忌为了标新立异而名不副实。总之，命名的过程本身就是对项目品牌内涵的再次延伸。

人才培养项目是企业人才发展体系中的核心部分。如果将人才培养项目命名融入企业大学乃至整个公司的人才品牌建设体系中，必然会有更持续、更广泛的品牌影响力。如：

"鹰"系项目（雏鹰、飞鹰、精鹰、雄鹰）

"白鹭计划"（破壳、助跑、展翅、翱翔）

"航"系项目（起航、引航、远航）

"龙"系项目（飞龙、潜龙、育龙）

蓝色领导力（蔚蓝、火蓝、深蓝）

这些人才培养项目不仅在企业内部产生了积极的影响，也为企业大学品牌建设塑造了良好的形象。

注：人才培养项目命名文字来源于 CSTD 2018-08-28 所发表文章 如何给学习项目起一个响亮的名称？作者 大熊

三、学员选拔

一个优质的人才培养项目，特别是当人才培养项目在企业内部已经形成口碑，成为一个品牌后，学员选拔便不再是一件容易的事情，因为不但有很多学员本人想入选，各部门领导也会来游说。在学员选拔中，主要涉及两件事，一个是选拔流程和标准，一个是人员分配。

学员选拔主要包括 5 个步骤。

第一步，圈定大体范围。根据整体人才培养项目目标圈定大体的学员对象范围，范围内的人员数量一般会大于或等于人才培养项目的学员数量。一般情况下，基于未来发展所做的潜力人才培养，大体范围内的人数都会远高于项目设定的学员数量。例如，对于总监后备所做的高潜人才培养项目，项目计划人员是 30 人，选拔范围是副总监与高级经理，公司总计有 100 人，我们便会从这 100 人中挑选学员。如果是基于现有人员的工作胜任能力培养，则目标学员和圈定范围的人数是基本一致的，即要对范围内的人员做到全覆盖培养。例如，新员工、新任经理人等，我们会对符合要求的所有人进行培养。在现实中，如果人才培养项目属于后者，基本上不涉及选拔的问题，所有符合要求的人需要全员覆盖。下面所说的选拔，更多是指基于未来发展所做的潜力人才培养，需要从一个群体中选择一部分人员参加。

第二步，设立选拔标准。一般的选拔标准包括职级范围、业绩门槛、年龄上限、司龄最短时间、最低学历、现任岗位时间、从业经验等方面，对于央企来说应该还有政治面貌，以及综合素养等方面。也许有人认为，第一步学员对象的范围应该是在设立选拔标准后确定的。但在现实中，一般情况下是先确定学员对象的范围，在筛选出目标人才后，再确定标准。

第三步，分配单位名额。基于各单位符合人才范围内的人员数量比例，做整体名额的分配。当然，每个项目也需要基于人才培养项目的定位，进行整体微调。对于比例的调整标准，很重要的一点是听取高层领导的意见和建议，否则在选拔的过程中可能会产生很多纠纷，如有些单位多报，有些单位少报。

第四步，单位推荐候选。基于确定的选拔标准、选拔范围和分配名额，各单位可推荐符合标准的人员名单，一般会建议按照 1∶1.3 提报，也就是让每个单位根据分配名额多提报 1～3 名人员。因为在现实中会存在标准理解的偏差，有些合适的人选单位领导没有提报，而有些被提报的人员虽然符合标准但不是理想学员。所以较好的方式是让各单位按照选拔标准、选拔范围和分配名额适当超额提报，从而为选拔预留空间。

第五步，高层确定名单。根据人才选拔标准及各单位提报的名单，人才培养项目组会做初步审核，在审核通过后，报由高层领导确定最终学员名单。

在整个选拔过程中，选拔标准至关重要，如果选拔标准没有确定好，就会引起很多争议。很多人喜欢把领导当作"挡箭牌"，必要的时候这个"挡箭牌"确实非常管用，但是企业中还是要以规则和标准优先。

在选拔过程中，人员选拔的方式有多种，包括资质审核、面试、测评、360度访谈等，具体方式要依据项目需求与项目预算而定。

在某些企业里，如果人员选拔不由人才培养项目组负责，则没有此部分工作。但是这个时候经常会出现另外一个问题：因为各种原因，可能会有部分人员不是班级的理想学员人选。此时人才培养项目组需要调整好自己的心态：我们的价值在于助力每个人的成长，在权责范围内帮助企业培养和选拔人才，很多时候我们的权责有限，所以我们需要明确自身的价值所在。

四、把控讲师质量

基于人才培养项目方案，讲师的质量把控至关重要。首先，每一次课程的讲师质量，对于整个项目的有效推动都有着重要影响；其次，人才培养项目的讲师要求与单次课程的要求既有相同之处，也有不同之处。单次课程更强调讲师最优，而人才培养项目更强调讲师的匹配度，即最优秀的讲师不一定是人才培养项目讲师的最佳人选。人才培养项目在关注单次课程质量的基础上，更加注重每次课程之间的整体协同。

在讲师质量标准上，一般会从4个主要维度进行评估：专业能力、授课技巧、驾驭度、匹配度。

1. 专业能力

专业能力指讲师需要具有所要讲授主题相关领域的丰富实操经验，并对其有深入研究。对于实践性内容，最好在优秀的企业中选择具有 2 年以上实操经验的讲师，他们更加理解学员的需求与痛点，所讲内容也更加容易操作和落地。对于宏观政策及前沿技术，最好是选择长期从事相关研究，并取得了相关研究成果的讲师，如果能有相关领域的资质认证，则更好。

2. 授课技巧

授课技巧指讲师能够基于成人的学习规律进行相关的教学活动设计。对于大部分课程来说，职业讲师最好具有丰富的授课经验，在教学中能够做到以学员为中心，注重激发学员的学习兴趣和学习动机，善于教学互动，提升学习效率。当然，对于一些高校讲师，或者专家学者，授课技巧不是主要评估因素，专业能力更重要。

3. 驾驭度

驾驭度指讲师对于整个培训现场及学员的掌控程度。在现实中，从我们负责的大量项目和课程现状来看，如果讲师的年龄小于或远小于学员年龄，除非所讲授课题具有创新性或者前沿性，否则整个课程对于讲师来说会很有挑战性。影响驾驭度的因素有很多，其中讲师的气场与年龄是关键因素，授课技巧是次要因素。人与人的气场是有差异的，如果讲师气场非常强大，能有效控制全场，课程便能顺利推动；如果讲师气场较弱，同时课程内容本身也不是超出学员水平许多，就很难调动学员的积极性，课程也就很难顺利推动。

4. 匹配度

匹配度指讲师能够基于人才培养项目整体设计，结合学员能力现状，进行定制化的课程设计与调整。也许很多人在选择讲师的时候习惯找最优秀的讲师，但是在人才培养项目中最优秀的讲师不一定是最合适的讲师。一些讲师具有很强的自我个性和习惯，不会轻易为了某个项目而做调整，但如果所

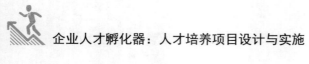

有讲师都是这个状态，那么整个人才培养项目便没有了系统性和延续性，整个人才培养项目便成了多个课程的堆砌，甚至在很多时候课程之间还会出现重合与矛盾。讲师评估标准示例如表4-1所示。

表4-1　讲师评估标准示例

讲师质量因素	评价指标	评价方式	评估权重	讲师筛选	信息同步	讲师沟通	具体问题
专业能力	相关领域的从业经验	讲师简介					
	相关领域的研究成果	讲师简介、沟通					1. 我们刚开始做这种项目，您有没有什么经验可以分享给我们？要注意哪些地方
	相关领域的社会认证	讲师简介、沟通					2. 我们有个课程之外的专业想要请教一下讲师：要想培养一个合格的初阶团队管理者，您觉得需要给他们上哪些课呢
	优秀企业的工作经历	讲师简介					
	相关项目的管理经验	讲师简介					
授课技巧	大型教学活动设置	沟通					3. 在课程中，需要准备研讨的白板纸、笔等材料吗？会布置相应的实践作业帮助学员内化吗
	相关案例工具	查看学员材料、沟通					4. 有什么测评、工具之类的需要单独打印吗

续表

讲师质量因素	评价指标	评价方式	评估权重	讲师筛选	信息同步	讲师沟通	具体问题
驾驭度	现场互动技能	以往课程评估、视频					
	讲师授课风格	以往课程评估、视频					
匹配度	课程逻辑与思路	沟通					5. 基于我们的背景与需求，在课程安排上您是怎么设计的
	时间分配	沟通					6. 整体课程设置上，重点会放在什么地方

如何对讲师质量进行评估和把控呢？

讲师的评估，首先需要信息，基于信息的新鲜度我们把信息分为了一手、二手、三手和四手。所以，对于讲师的有效评估，我们也称之为一手评估、二手评估、三手评估和四手评估。

一手评估，是对讲师质量评估比较好的方式，即完整地听过该讲师同一个主题的授课。这样便会获得较为直观的感受，其中还需包括自己的和在场其他学员的现场反馈。

二手评估，能够拿到以往同一个课程 5 场以上的培训评估结果的真实数据，通过其他人的反馈结果来进行评估，前提必须是真实数据，否则就完全失去了评估的价值。

三手评估，通过和讲师面对面沟通或者通过电话会议的方式进行沟通，从而对讲师的质量进行把控。之所以把和讲师的沟通定义为三手评估，是因为在大多数情况下，一般的项目组成员很难通过短暂的沟通就对讲师获得准确的评价，"旁白"和实战存在很大的差距。很多人习惯于通过这种方式来对讲师进行评价，从我们以往的数据和案例来看，这种方式只在两种情况下是有效的。情况一，项目组的评估人员非常有经验，通过简单几句沟通就能准确判断对方是否合适；情况二，该讲师水平处于两个极端也会比较容易评估，要么非常优秀，"大咖一开口就知有没有"，要么非常差劲，一开口就露怯，无论是专业能力还是语言表达能力都很弱。但在一般情况下，讲师都不是两个极端，而且项目组成员也没有那么丰富的经验，所以仅仅通过半个小时左右的交流，是很难判断讲师是否合适的。

四手评估：看讲师的各种材料，包括自我介绍、培训现场图片、自我介绍中引用的学员好评和授课视频等资料，这种评估基本是无效的。原因很简单，举一个例子，就像电商平台上的产品，产品的真实质量并不一定符合其网页上的描述。

讲师信息同步。当我们确定好讲师后，为保证每一个课程都服务于整个人才培养项目，需要把整个人才培养项目的基本信息和进展同步给到每位讲师，一般会提前 2～4 周发给相关讲师。与讲师沟通的内容我们总结成了一个工具，主要包括 4 个方面：企业与项目背景、项目整体设计、学员现状、对于本门课程的定位。对于同一个人才培养项目中的多个课程，与讲师的沟通内容，前三个方面基本上一致，只有最后一个方面会有差异，所以一个课程的前三个方面可以成为后面其他所有课程的模板，只用替换每门课程的定位方面就行。讲师沟通框架示例如表 4-2 所示。

表 4-2　讲师沟通框架示例

一、项目基本情况			
项目名称		项目编号	
制作人		审核人	
项目经理		制作日期	
二、公司背景（视人才培养项目性质与课程性质，选择性填写以下信息）			
1. 基本信息（主要包括成立时间、总部地址、核心竞争力、企业人数规模、最近 3 年业绩情况、主要产品&服务）			

2. 发展历史（以时间为主线，记录企业主要的重大变革事件，包括企业战略转型、主要股东变动、战略合作及其他相关重大事件）
3. 组织架构（公司的组织架构图，所在业务单元，学员所在公司组织架构）
4. 商业模式（整体商业模式，客户是谁、盈利方式、核心资产、核心竞争力等）
三、项目背景
1. 整体背景（此项目发起的公司背景，如公司大的变革、投资、新的定位或发展规划，所带来的对于人才数量与质量的要求与挑战）
2. 设计思路（此项目整体方案设计的依据）
3. 项目目标（此项目期望最终达成的目标、需要的产出、如何评估是否达成目标等）
4. 项目进展（项目推动的过程及目前进展阶段）
四、学员信息（数量、性别、年龄、司龄、单位、职务、特别信息）
五、课程要求
1. 该课程在整个人才培养项目中的定位
2. 对于该课程期望达到的培训目标
3. 本课程的培训信息（时间、时长、培训方式）
4. 期望讲师提供的服务（调研、备课、实施、课后跟进）

五、课题提报

课题提报在第三章第三节行动线的设计里有详细阐述，这里不再展开。

六、导师与领导邀约

整个人才培养项目的有效推动，离不开领导与导师的支持，需要领导从价值上给予认可，从方向上给予肯定，从管理上给予授权，领导是人才培养项目组的重要资源之一。在人才培养项目方案的设计中离不开相关领导的认可与批准，在开班仪式上离不开领导的发言和表态。因此，领导的邀约也是人才培养项目筹备的工作之一，特别是关键领导的时间安排，会直接影响人才培养项目的开班时间。如果关键领导能够直接出席开班仪式，则最好不过；如果关键领导与项目的开班时间确实没有办法调和，也可以采用录制视频的方式把领导的寄语在开班环节带给学员，这也是一种备选方式。

在协调领导时间的同时，需要向领导汇报整个项目的设计思路和开班流程安排，这样便于领导准备其在开班仪式上的讲话内容。我们也可以把人才培养项目组期望传递给学员的信息，借领导之口来传递，甚至是我们可以把我们的想法转化为文字，融入领导的开班致辞之中，那么学员也将更加重视这个项目。

无论是邀约导师与领导的支持、沟通协调他们的时间，还是激励设计，均有大量的准备工作需要提前筹备。

七、后勤准备

人才培养项目开班，并不只是一次集训，更是人才培养项目绝大部分工作主线的起点，会涉及大量的筹备工作和大量的后勤准备。这里不仅包括上述关键的筹备事项所涉及的后勤准备，还包括团队组建、学员选拔、课程与讲师配置、课题提报、导师与领导邀约等很多细碎的工作。

每个人才培养项目所设计的推动主线不同，所要筹备的工作也不尽相同，如何做到后勤工作无遗漏呢？最好的方式是通过梳理第一次集训的流程，特别是开班时的详细流程来倒推所需筹备的后勤工作。

当我们梳理出开班环节的详细流程后，便可以细化当天的工作任务了。基于每项工作任务，便可以整理出所需的准备事项与物料，并制定好责任分工，每项工作都需要分配到人，并确定完成时间。项目筹备分工表如表 4-3 所示。

表 4-3　项目筹备分工表

序号	筹备事项	具体内容	产出	辅助工具资料
1	确定学员名单	学员名单信息统计	学员名单	
2	场景化课题	学员提报课题，并获得上级领导认可签字	签字版课题	课题提报要求、领导确认模板
3		汇总统计课题	所有提报课题	课题选择建议标准
4		集团高管确定课题	5～6 个确定课题	
5		课题拥有者准备课题背景资料	课题背景资料	课题背景资料模板
6		课题开题及研讨流程	流程与模板	
7	学习承诺	准备课件内容与互动材料	PPT 课件	
8		设计学习承诺的仪式感	仪式感具体操作	
9		采购、准备相关物料	相关物料	

续表

序号	筹备事项	具体内容	产出	辅助工具资料
10	IDP计划	确保每位学员都做过测评，并都拿到了自己的测评报告结果	测评报告	测评工具及平台
11		IDP计划制作说明材料	PPT课件	
12		IDP计划制作模板	IDP计划模板	
13	导师计划	根据课题数量与要求，确定导师数量		
14		与高管沟通导师计划		
15		设计导师聘书与协议书（含课题与IDP计划导师）	聘书与协议书	核心要点：聘用导师，带领课题小组、IDP计划成员、导师承诺的责任
16		设计拜师仪式		
17		设计导师辅导签到表	签到表	
18	工作坊	准备"XX集团未来发展规划"		
19	工作坊	准备调研的结果反馈		
20		设计定位与能力研讨会	流程与模板	
21	开班	预约领导时间与发言稿	发言稿	
22		确定班长并预约发言稿	发言稿	
23		制作学员录取通知书	录取通知书	核心要点：参与课题小组、导师、IDP计划、承诺的学习责任
24		确定房间及教室，教室布置		
25		培训手册制作		
26		摄像预约		
27		购买茶歇		

续表

序号	筹备事项	具体内容	产出	辅助工具资料
28	运营	建立班级微信群及课题小组群	微信群	
29		设计打卡模式与 PK 赛制	运营机制	
30		小程序使用指南及使用要求	使用指南	图文或视频

项目小组负责人则可以基于此张筹备表格，分配和推动人才培养项目所有相关任务，并定期跟进和更新，最终高效而有序地完成人才培养项目的所有筹备工作。

人才培养项目的筹备远远复杂于单次培训，涉及大量琐碎事项与大量的人际沟通协调，虽然烦琐，但也是一种历练。当我们有了一次成功的经验后，如果我们能够及时总结迭代，那么第二次、第三次便会驾轻就熟。对于第一次实施长周期人才培养项目的企业，不要急于创新，要重视过程的流畅，确保项目实施低事故甚至是零事故，当我们熟悉流程后，可以再在每一个流程环节去创新。

对于第一次做人才培养项目的企业，因为没有经验和把握，所以在开班时可能会设计很多环节，但每个环节都很难做透，除非每一个环节都能预留足够长的时间。如果第一次集训时间有限，在第一次集训时我们建议不要放太多的环节，不要把几条线的起点都放在开班，几条线的起点可以提前，也可以延后。这是我们在完成多个项目后的经验总结，虽然每次都会就这个问题做提醒，但还是会有很多人依旧如故，因为这是一种意识，没有体验很难改变。

第二节　开班仪式

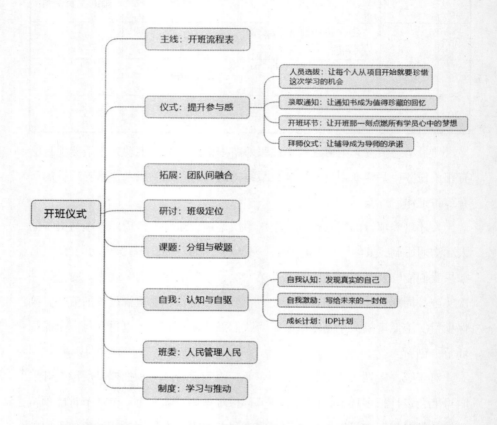

第一次集训时的开班仪式，对于学员来说，是整个人才培养项目的正式启动。

狭义上，开班仪式仅指第一次集训第一天上午或下午领导参与的启动仪式环节；广义上，开班仪式不仅指领导参与的项目启动，还指随后进行的正式课程以外的其他环节，包括团队融合拓展、班级定位研讨、行动学习课题的破题与开题、自我认知与 IDP 计划、班委选举及班级管理制度的制定与要求。对于一个高潜人才培养项目，这些都将是整个人才培养项目推动的主线，影响着人才培养项目的质量，开班环节中需要将每一根主线"点燃"。但是现实中，每次的集训时间有限，所以某些主线的启动工作需要前置或适当延后完成，开班仪式上重点是串起所有的环节，让学员看到整个人才培养项目计划的全貌与推动主线。

　　学员在开班仪式上，正式感知公司及领导对于本次人才培养项目班级的定位，了解人才培养项目的整体规划、时间安排与学习要求，并在开班仪式的体验中确定自我的学习目标，以及将要投入的精力。开班仪式是整个项目带给学员的"第一印象"，所以开班仪式的成败从一开始便在很大程度上影响着人才培养项目的成败。

　　如果前期筹备充分，开班环节的千头万绪也会变得井然有序。

一、主线：开班流程表

　　无论是开班前的筹备，还是开班时的实施，开班流程表将是整个开班过程中所有工作的主线。开班流程表需要尽量详细，中粮集团内部习惯将之称为"脚本"，包括日期、主题、时间、负责人、环节、内容、分工主体等，如表 4-4 所示。第一次集训的流程表应包括日期、环节、时间、具体内容等，如表 4-5 所示。

表 4-4 开班流程表

序号	日期	主题	时间	负责人	环节	内容	分工主体 1	分工主体 2

表 4-5 第一次集训流程表示例

序号	日期	环节	时间	具体内容
1		学员入场签到	08:30—08:45	学员及领导入场，学员进行签到入座
2		主持人开场	08:45—08:55	1. 主持人上场开场欢迎； 2. 主持人介绍领导、嘉宾、项目组成员
3	第一天	项目介绍	08:55—09:15	1. 本次项目方案介绍及项目重要节点介绍； 2. 项目实施操作规划、班级运营模式及相关制度规则介绍
4		领导致辞	09:15—09:30	1. 欢迎与祝贺； 2. 从公司层面提出期望； 3. 从纪律及学习上提出要求

续表

序号	日期	环节	时间	具体内容
5	第一天	授旗仪式&学员代表发言	09:30—09:40	1. 领导为学员代表授旗； 2. 学员代表发言
6		项目总导师受聘&发言	09:40—09:55	1. 领导为项目总导师颁发聘书； 2. 项目总导师发言
7		拜师献礼	09:55—10:05	1. 请出 IDP 计划导师代表； 2. 学员代表为 IDP 计划导师、总导师鞠躬献花； 3. 导师宣誓
8		学员宣誓	10:05—10:10	班主任带领学员进行宣誓
9		集体合影	10:10—10:20	集体合影留念
10		人才定位工作坊	10:20—12:00	1. 人才发展计划定位； 2. 人才发展计划的人才培养目标
11		学习技术	14:00—16:00	1. 高效学习技术； 2. 向上管理——让导师更好地发挥价值； 3. 向下管理——如何培养梯队
12		课题破题	16:00—17:30	1. 组建课题小组； 2. 场景化课题研究的要求； 3. 制订课题研究计划
13		IDP 计划	18:30—20:30	1. 自我认知导入； 2. IDP 计划介绍及要求
14	第二天	职业规划	9:00—17:30	1. 职业规划课程学习； 2. 学习知识总结
15		班委选举	18:30—20:00	1. 具体班委职务设置提前设定； 2. 选举产生班委； 3. 班委自定班委职责与班级纪律要求（课后提交，自行召开一次班委会，与全班同学达成共识；要能够展现班级定位、要求与风貌）

二、仪式：提升参与感

仪式感，从学习技术的角度，是一种体验，体验是建立认知、改变意识的较好方式。对于学员来说，开班环节是人才培养项目给人留下的"第一印象"，所以在开班流程中的仪式感需要精心设计。不仅在开班环节需要仪式感的设计，前期筹备环节，也可以进行仪式感的设计。我们认为每位学员能够感受到人才培养项目的时机都是一个触点，每个触点都是建立信任的时机，每个触点都需要用仪式感的方式精心设计，包括人员选拔、录取通知、参加开班、拜师仪式、导师受聘等环节。

（一）人员选拔：从项目开始就要让每个人珍惜这次学习的机会

大部分人对可以轻易获得的事物都不太在意，而对需要历经千辛万苦才能得到的事物会倍加珍惜，这是人性。因此，有了饥饿营销，有了爱情中的被动与主动。

同样的道理，对于不是所有人都必须参加的人才培养项目来说，在学员选拔阶段，如果学员是被直接指定，或者只要报名就可以参加，那么从心理的角度来说，大部分人是不会珍惜的。因此，我们一般都会建议，从学员选拔阶段就要设置门槛，让每位学员都能珍惜这次机会。因为这个班级是通过主动申请，且经过了重重考核，又由于学员前期工作表现优异、能力突出才争取到的机会，这会让选拔成为一种激励。

从流程上，我们首先会设定班级定位，基于定位圈定学员范围，结合范围人数综合确定每个部门的名额，由部门领导根据 1：1.3 的原则提报学员，再由人才培养项目组根据提报的名额进行多维的评估确定。评估方式包括资质审核、360 度访谈、心理测试、专业考试、综合面试等。不一定每个人才培养项目都要做所有方式的评审，具体要求视项目特征而定。

从我们大量的项目经验来看，当我们为学员选拔设置门槛后，不但有助于激发学员的自驱力，而且有助于建立人才培养项目的正向口碑。

（二）录取通知：让通知书成为值得珍藏的回忆

于谦在电影《老师·好》中饰演主角苗老师，北大录取通知书一直被苗老师珍藏，这不但对于苗老师是一种激励，更是激励着他的学生奋发图强。

一些企业的培训通知非常随意，一封邮件、一个微信也许就能通知到位，而这样的通知很难让人有珍惜感。这对于一个非正式项目也许影响不大，但是如果你想完成一个成功的人才培养项目，期望这个人才培养项目在企业内部甚至是行业中拥有良好的口碑，甚至是成为一个品牌，那么人才培养项目的录取通知书是一种较好的激励物与珍藏品，是需要精心设计的。

当学员经过竞争最终入选时，一份正式的录取通知书将是对他最好的奖赏和激励。在录取通知书中，除了有企业一把手的签字，我们还可以把人才培养项目中要求的学习承诺写上，并让学员签字，这便形成了一种承诺，就像销售中的军令状，最终形成一个自驱的鞭策，激发学员的积极性，培养学员韧性，学习承诺书如图 4-1 所示。

通知书的发放，我们也建议要足够正式，不要等到开班时现场发放，一定要提前发放到学员手中，要么亲手送到学员工位上，要么快递到其工作单位。要让录取成为一种荣誉，这种仪式感的价值是其他方式所替代不了的。

（三）开班环节：让开班那一刻点燃所有学员心中的梦想

让所有人穿正装或者班服出席开班仪式，因为这本身就是一种仪式感。

在签到环节，除了常规的签到表，还可以设计一些有创意的签名活动。我们曾为某个人才培养项目设计了签名墙，而在另外一个人才培养项目中则设计了签名树，以学员的手掌印为叶让大树"枝繁叶茂"，如图 4-2 所示。

澳优大学 | 澳蓝计划
Auunutia University | AB-PROJECT

亲爱的 _____ 同学：

　　凭借着积极的工作热情和勤勉的工作付出，恭喜您通过公司选拔，成功被"澳优大学MBA Plus班-澳蓝计划"录取！

　　在学习期间，您将参加培训课程、标杆游学、课题小组研究，同时开展个人成长计划。相信本次培养将会成为您未来晋升的助推器，也会成为您职业生涯中一段难忘的美好成长时光。祝愿您学有所成，一起奋斗，一起成就！

澳优大学校长：

年　月　日

学习承诺书

我承诺：在"澳优大学MBA Plus班-澳蓝计划"学习的一年里，我将严格遵守学习制度。

在学习中，我将

1、严格遵守学习日程安排，不旷课、不迟到、不早退；
2、以空杯心态，认真参与每一次课堂学习、课前、课后都积极完成作业要求；
3、积极参与班级管理，为"澳优大学MBA Plus班-澳蓝计划"打造成优秀班级而贡献个人智慧。

在场景化课题研究中，我将

1、严格遵守课题小组确定的学习日程；
2、保守秘密，不向无关人员透露敏感信息；
3、以开放的态度倾听不同意见、并进行深刻反思；
4、人人平等，勇于质疑，激发小组成员思考；
5、聚焦问题，解决问题，不进行人身攻击；
6、自我学习发展，并帮助小组成员成长。

在IDP计划中，我将

1、为自己的成长负责，主动规划全年IDP计划；
2、定期与上级、导师面对面沟通IDP计划，真诚听取他们的反馈意见；
3、践行IDP计划，实现个人发展目标。

学员签字：

年　月　日

图 4-1　学习承诺书

图 4-2　签名树

除了签到、暖场，开班环节中主要包括如下环节：项目简介、领导致辞、学员代表发言、学员集体承诺、班主任发言、导师聘任和拜师仪式、集体合影。每个环节都可以适当设计，用仪式感来增强参与感与荣誉感，推动大家积极投入。

越是正式的开班，就越能激发大家的珍惜感。从领导寄予厚望，到学员代表表达决心，再到学员的集体宣誓，那一刻大部分人都会燃起一个梦想、许下一个承诺。这是一个群体和组织带给每一个个体的能量。

一般的人才培养项目开班时间会控制在 1.5 个小时内，一方面因为领导时间有限，另外一方面因为 90 分钟是人的注意力与精力的一个极限，如果没有适当的休息，人就容易陷入疲惫和低效环节。

（四）拜师仪式：让辅导成为导师的承诺

如果人才培养项目中设计有导师辅导环节，则开班中的导师受聘与拜师仪式必不可少。通过聘书，让导师许下一份承诺；通过拜师，让导师明确一份责任。

三、拓展：团队间融合

在人才培养项目的学习与成长中，不仅仅有个体学习，更有团队学习和相互学习，彼此熟悉并建立信任，对整个人才培养项目的有效推动与最终成功有重要的影响作用。在人才培养项目中设计行动学习、神秘镜子伙伴等环节的时候，熟悉和信任是有效推动这些环节的基础。

也许有人说，在一年的学习过程中，大家会慢慢熟悉。但是，对于一个人才培养项目来说，整个学习的进展和速度需求等不及慢慢熟悉。行动学习的分组与分工需要大家相互熟悉、神秘镜子伙伴需要大家相互认识、班委选举需要大家相互了解，这些都等不及大家慢慢熟悉。

对于初次见面或者不是非常熟悉的一个群体来说，拓展是一个高效的团队融合方式。

拓展培训强调学员在体验中"感受"学习，而不仅仅是在课堂上听讲。以体验、经验分享为教学形式的拓展的出现，打破了传统的培训模式。它不是灌输某种知识或训练某种技巧，而是设定了一个特殊的环境，并精心设置了一系列新颖、刺激的情景，让学员直接参与整个教学过程。在参与的同时，让学员主动地解决问题。在参与、体验的过程中，使学员心理受到挑战，思想得到启发。学员通过讨论总结、经验分享，感悟出种种具有丰富现代人文精神和管理内涵的道理。在特定的环境中思考、发现、醒悟，对自己、对同事、对团队重新认识、重新定位。

拓展培训这种形式具有极强的参与性、趣味性，更容易被学员接受。

拓展本身也是一种培训方式，从学习技术的角度来说，拓展是一种体验式的培训，对改变人的意识有很好的效果。拓展体验项目活动中的情景设置可以使参加者充分体验所经历的各种情绪，尤其是负面情绪，从而深入了解自身（或团队）面临某一外界刺激时的心理反应，进而学会控制、实现超越。如果能够将人才培养项目中想要重点突破的意识融入开班拓展活动中来，那么将会一举多得，既可以使团队融合，也可以为人才培养项目建立初步的意识定位。

对于人才培养项目来说，拓展要有明确的目的和要求，不是每个拓展活动都适用于每个人才培养项目。从流程上，一个拓展活动包括 3 个基本环节：设计、实施、总结，只有这 3 个环节都密切贴合人才培养项目需求，才能真正达到人才培养项目对拓展活动的要求。

在设计环节上，首先，我们需要厘清期望达到的目的；其次，基于培养目的设计拓展活动，培养目的不同，其拓展活动的设计也具有极大差异。如果是为了彼此熟悉，那么整个拓展活动在设计中就要注意让每位学员都有机会结识到除自己外的所有人，活动在设计上就要让大家有交集；如果是为了强调执行力，那么活动在设计上就要具有挑战性；如果是为了提升团队管理能力，活动在设计上就要强调计划、沟通、协调与结果性。原则上，每个人才培养项目都具有特殊性，所以每个拓展活动都需要个性化设计。

在实施环节，拓展教练团队是关键。拓展活动能否有序推动，关键在于教练团队，教练对于活动设计的目的与流程是否熟悉，教练是否具有丰富的经验、良好的控场与临场应变能力等，这些都将直接决定着拓展活动的有效实施。

在总结环节，总教练的引导与点评是关键。同一个事件，不同的人会看到不一样的问题和价值，对于拓展活动尤其如此。对于整个拓展活动的总结和点评将成为整个拓展活动的点睛之笔，所以总教练的综合素养与专业能力至关重要。也许大部分的拓展活动都有基本的总结模式，有其共性的一面，但是每个拓展活动更有其个性的一面，这便要求教练团队特别是总教练要善于观察，善于引导学员反思，善于结合活动设计目的，对拓展活动总结和点评。

一般情况下，人才培养项目中的拓展活动都会找专业的拓展公司来协助，他们熟悉活动，拥有教练团队，也有配套道具。对于拓展公司的选择与沟通要考虑两个关键点，一是整体活动方案的设计，二是教练团队特别是总教练的选择。

拓展活动的时间，在比例上，一般会控制在整体人才培养项目集中学习时间的 5%～10%之间；在时长上，一般会控制在 0.5～2 天之间，特殊情况除外。例如，在某些项目中，会把其中一次集训完全设计为一次户外拓展，也许是一次沙漠徒步或森林穿越，也许是一次远距离骑行，这样时间便会有所不同。

四、研讨：班级定位

（一）班级定位

班级定位，是指从企业战略的角度思考：为什么要开展这个人才培养项目？这对于企业战略落地及未来发展，具有什么意义？从企业的角度期望这个群体在未来能够承担什么样的职责？具备什么样的能力？

（二）为什么要做研讨

班级定位，其实在人才培养项目立项时已经有了基本框架，之所以要做定位研讨，其核心价值在于通过研讨的方式让学员充分理解企业的期望，通过研讨将企业要求变为学员的自我内驱力。就像制订一个工作计划，工作任务是他人分配给自己的，还是自己一起参与制订的，这对自己来说代表的意义有很大不同。也许计划出来的结果没有太大不同，但是却会导致执行力的巨大差异。从责任心来说，在第一种情况中自己只是一个执行者，而在第二种情况中自己是一个决策者，两种情况带来的主动性一定是完全不同的；从韧性来说，所有的学习都需要时间的付出，所有的成长都需要自我的蜕变，而绝大多数的付出和蜕变都会让人离开舒适区。如果只把学习当成一项任务，那么很容易半途而废，只有把学习的价值提升到企业发展的高度，才能更好地面对挑战与困难。

（三）研讨内容与产出

研讨内容可以包含 1～3 项，包括班级定位、班级能力素质要求、评价方式与标准，具体内容要视班级能力与时间而定。

班级定位，从企业战略的视角，是指期望这个群体承担的职责和发挥的价值；从企业内部的视角，是指期望这个班级在大家心目中树立的形象，甚至是在行业和社会上形成的口碑。就像 1994 年中国科学院启动的"百人计划"，期望通过集中有限资源，对优秀人才提供重点支持，计划到 20 世纪末从国内外吸引并培养百名优秀青年学术带头人，培养跨世纪的学术技术带头人。

班级能力素质要求，即基于班级定位，未来合格及优秀的人才所需要承担的职责和应该具备的能力。一个优秀的人才所需具备的能力素质往往是综合性的，在班级能力素质要求的研讨中，需要重点研讨的是这个层级所要具备的核心能力，一般不超过 5 个大项，10 个小项。在现实中往往还存在一种情况，除了这些核心能力，也许某些学员还欠缺一些基础能力，而这些能力是学员本人需要自学提升的，因此不是班级需要关注的重点。

评价方式与标准，当确定了班级定位与能力素质要求后，这些要求将成为人才培养项目结束时的评价标准，以及未来人才的选拔标准。由此带来了另外一些专业问题：如何评价？如何确定评价标准？是通过绩效结果评估、行为观察评估、测评问卷评估，还是综合面试评估？评估方式的选择，需要综合考虑科学性、易执行性、成本可控性等。

在上述 3 项研讨中，班级能力素质要求、评价方式和标准，都需要专业能力的支撑，能力模型与人才测评是一项极其重要又很专业的工作。对于人才测评，人才培养项目组要有一个基本的认知：所有的能力测评都是间接测评，能力测评是通过人的外在行为表现来推测内在心理素质，所以能力测评是间接测评，存在误差。为了修正误差，心理测量中有两个重要的指标：效度与信度，以此来反映测评的准确性。也有企业喜欢用绩效作为评价指标，绩效结果肯定具有参考性，但绝对不能成为唯一指标，因为绩效与能力不是完全的线性因果关系。

人才测评中的"评不好""评不准"现象，极易挫伤人才的积极性，影响人才创造力的发挥，甚至成为束缚人才发展的桎梏。从国家层面来看，国家也一直在探索和优化人才的评价方式。2016 年 3 月，中共中央印发《关于深化人才发展体制机制改革的意见》提出，创新人才评价机制，突出品德、能力和业绩评价。坚持德才兼备，注重凭能力、实绩和贡献评价人才，克服唯学历、唯职称、唯论文等倾向。不将论文等作为评价应用型人才的限制性条件。2017 年 1 月，中共中央办公厅、国务院办公厅印发《关于深化职称制度改革的意见》指出，要克服"唯学历、唯资历、唯论文"倾向，要向基层倾斜，要突出用人主体在职称评审中的主导作用。2018 年 2 月，中共中央办公厅、国务院办公厅印发《关于分类推进人才评价机制改革的指导意见》明确指出，遵循人才成长规律，突出品德、能力和业绩评价导向，分类建立体现不同职业、不同岗位、不同层次人才特点的评价机制，科学客观公正评价人才，让各类人才价值得到充分尊重和体现。2018 年 7 月，中共中央办公厅、国务院办公厅印发《关于深化项目评审、人才评价、机构评估改革的意见》指出，遵循科技人才发展和科研规律，科学设立评价目标、指标、方法，引导科研人员潜心研究、追求卓越。

所以，对于后两项的研讨，可以不做硬性产出要求，让大家有一个基本思路即可。通过研讨，让大家对自己有一个定位和要求，形成内驱力。具体的能力标准和评价方式，可以由专业人士负责。

五、课题：分组与破题

行动学习课题的分组与破题在第三章第三节的行动线中已经详细阐述，这里不再展开，需要强调的是，在开班时至少要留出两个小时来做分组与破题。开班时破题做得越深入、越具体，后续行动学习课题的推动就会越顺利。

六、自我：认知与自驱

班级定位研讨与行动学习课题，都是团队学习的方式，但更多的是基于共性问题与成长的设计，而忽略了个性的差异。学习的本质是为了完善认知结构，而完善认知结构的前提是对自我有良好的认知，每个人的认知结构都存在巨大差异。所以，在第一次集训时，需要帮助学员基于个性差异提升自我认知，确定未来发展目标，制订个人成长计划。

（一）自我认知：发现真实的自己

在开班时向学员导入自我认知方法，使学员通过各种体验活动挖掘自己的内在，包括个人的人生愿景和使命、个人的价值观、个人的思维模式等。这部分在第三章第三节的认知线中有详细阐述，这里不再展开。

（二）自我激励：写给未来的一封信

当学员对自己有了基本的自我认知之后，我们会采用"写给未来的一封信"的形式帮助每一位学员形成自我激励。我们现场会发给每人一个信封与几张信纸，让大家给一年后的自己写一封信。信的内容可以包含两个维度：其一，穿越到结业，你想对现在的你说些什么？其二，此时此刻，你想对一年后的自己说些什么？写完后装入信封密封，并投进邮筒，所有学员的信件将由项目组妥善保管，在一年后的结业典礼上再发给大家，以此来让大家回望初心。

这是一种仪式感的设计，通过这种仪式感，促使学员严格要求自我，形成内驱力。

（三）成长计划：IDP 计划

当学员有了动机后，接下来就要有行动计划了，所以第一次集训时必不可少的一个环节是个人成长计划——IDP 计划。这部分在第三章第三节的认知线中有详细阐述，这里不再展开。

IDP 计划是大部分人才培养项目的一条主线，贯穿于整个人才培养项目始终。IDP 计划工具表（包括周认知升级、月成长记录、导师辅导计划、年度总结等）的具体填写方式与课后的填写要求，均需要在开班时详细说明。最好是给大家提供一份示范 IDP 计划工具表，因为技能最好的学习方式是模仿。

七、班委：人民管理人民

为了更好地管理班级，整合团队智慧与力量，降低人才培养项目组的工作量，我们会在所有的人才培养项目中设置班委。班委的价值与职责包括收集反馈信息，包括来自学员的想法、建议、意见等，在一定的原则与指导思想下，协助项目组制订相关方案和推动决议方案的落地执行。通过班委可以整合整个学习团队的智慧与资源。

班委数量的设置因项目差异而定，一般包括班长、副班长、学习委员、生活委员、宣传委员。如果是长期脱产项目，则还会设置体育委员与纪律委员，如果是在央企，则会设置临时党支部。

班委的人选，一般情况下会由相关领导指定班长，其他班委则由选举产生。如果是长周期培训班，也可以对班委进行换届选举，以让更多的学员得到锻炼。

班委的选举时间，不适合放在一开始。因为大部分学员在一开始还不够熟悉。因此，班委的选举时间一般会放在第一次集训的后半部分，通过团队拓展、课题分组、自我认知等环节，大家彼此之间便有了基本的了解和熟悉。班委的选举时间可以是最后一天的下午，或者倒数第二天的晚上。

八、制度：学习与推动

为有效推动人才培养项目，项目组会制定基本的人才培养项目管理办法，建立学员的学习档案，记录在整个人才培养项目推动过程中每位学员的成长与表现。人才培养项目，既是人才培养也是人才选拔的过程。

对于人才档案，需要综合考虑科学性与可执行性，我们主要会从 3 个维度进行考核：学习情况、课题研究、IDP 计划，权重分别为 30%、30%、40%。这个权重比例的主要设计原则：人的能力是在解决问题中提升的，而学习的本质是完善自我认知结构，制约高阶管理者潜能的关键是自我认知结构的调节水平。

将每一个维度拆分为两个指标"数量"与"质量"，并分别赋予其不同的权重。这样既能综合考量，又便于项目组执行。学习管理制度如图 4-3 所示。

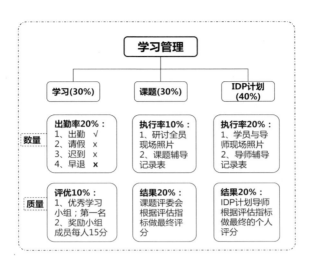

图 4-3　学习管理制度

学习档案，既是一个记录表，也是一个指挥棒，代表了公司与人才培养项目组的管理方向和要求。对于整个学习档案的记录标准，需要在开班环节就告诉大家，让大家在一开始就对学习档案的记录标准有一个详细了解。为了有效促进大家的学习，基于学习档案的数据，也可以设置若干奖项，包括最佳课题奖、优秀学习标兵、最佳实践奖等，奖项可以分为个人奖和团队奖。

对于更加详细的班级管理制度，则会交由班委自行制定，最后报由项目组审核与备案。因此，对于整个学习期间的班级管理，将不再是管理与被管理的关系，而是学员的自我要求与项目组的协通推动。

开班仪式，是整个人才培养项目所有"主线"的正式起点，整体流程安排非常关键，每个环节的启动质量都影响着项目后期的整体推动，所以第一次集训需要为整个开班预留足够的时间。筹备期也因此变得更为重要，如果时间有限，某些任务可延后产出，如研究课题的开题报告、班委的具体职责、IDP 的详细计划等，可以安排在开班后的一周内提交。

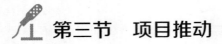第三节　项目推动

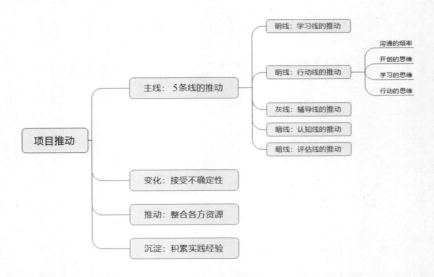

对于企业的传统培训来说，每次培训就像一场战斗，而对于一个人才培养项目来说，每个项目都是一场战役。每次培训都只是整场战役中的一场战斗，更大的挑战、更多的工作是整场战役的整体布局，以及每场战斗之间的推动与衔接。整场战役的胜利离不开每场战斗的积累，但是每场战斗的胜利并不意味着整场战役的成功。

每场培训对于整个人才培养项目来说都只是一个支点，人才培养项目更大的挑战是整个培养周期的整体推动，特别是几次集中培训以外的学习推动。

项目推动，是人才培养项目的重中之重。

首先，项目推动的主线，一定是整个项目方案设计之初的 5 条主线；其次，项目在推动过程中一定会有诸多变化，要勇于接纳变化，善于面对不确定性，甚至是在项目设计之初就要预留变化的空间；再次，项目在推动过程中，离不开各方资源的支持，项目组要善于整合各方资源；最后，所有过程都是组织的积淀，要善于在过程中复盘，不断积累经验。

一、主线：5 条线的推动

从管理的角度来说，工作执行是管理计划，应对变化。对于人才培养项目来说，更是如此，整个项目的推动，其主线是项目方案设计之初的 5 条主线。这也是人才培养项目组的有力抓手，失去了这 5 条主线，整个项目便会变得不可控、无处着力。

5 条线包括认知线、行动性、辅导线、学习线、评估线。从人才培养的角度来说，学习的本质是为了完善认知结构，所以在 5 条线中，认知线是核心，其他的线都只是手段。从项目组的推动来说，一般情况下，学习线和行动线是明线，认知线与评估线是暗线，辅导线则居于明暗之间，称之为灰线。如果强调并强化辅导的推动与管理，则辅导线可以成为明线，如果辅导只是辅助则辅导线为暗线。对于某些人才培养项目，特别是针对某些高层学员，或是成熟度较高的组织，认知线也可以成为明线；对于某些强调人才选拔的项目，则评估线可以成为明线。

所谓明线，就是贯穿项目始终，所有人都能明显感知且认可的、表面化的主线；所谓暗线，是指不被所有人明显感知而内藏的一条线。例如，工作日与一位同事一起吃饭，如果是为了联络感情，那么吃饭为明线，联络感情为暗线。如果把联络感情外化为明线，那么不一定是一起吃饭，也许可以坐下来深度沟通一次。人才培养项目中的明暗线也是如此，传统的培训习惯于把学习当作主线，则自我认知的完善与实践中的能力转化为暗线，所以培训需要很正式的授课，而不太关注其他的环节。如果把自我认知的完善当作主线，那么两天的课，也许讲师只讲半天，剩下的一天半都是在研讨，因此就要求学员在课前做很多功课；也许在两天的时间中，没有讲师讲授的环节，而是学员之间一直在不断进行思想碰撞。如果把实践中的能力转化当作主线，也许没有正式上课，只是在讲师的引导下确定一个课题，然后是自学、调研、研讨、行动、总结的多次循环。

任何一条线都可以成为人才培养项目的明线或者暗线，关键在于人才培养项目组的认知水平与项目目的。认知水平和项目目的的不同，将会带来推动过程中管理重点的差异性。我们此处仅分享传统人才培养项目的推动，即学习线与行动线为明线，认知线与评估线为暗线，辅导线为灰线。

学习的本质是为了完善认知结构，认知结构包括认知宽度、认知深度、认知路径。5 条线的推动，各有侧重。从学习内容来说，分为三大类：知识、技能与意识；从学习过程来说包括 3 个环节：输入、内化、输出，在推动上 5 条线也各有侧重。

（一）明线：学习线的推动

学习线在推动中会遇到两大挑战，一是学习内容不适合学员，二是学习方式不适合学员。

之所以出现学习内容和方式不适合学员的现象，是因为在整个人才培养项目设计之初，项目组对每个学员的真实能力了解毕竟没有那么透彻，安排的某些课程内容可能会超出学员能力范围，或对学员学习价值不大。同样的，也会出现某些学习方式不适合学员的情况。

这里举个例子，我们在一个中层管理的人才培养项目设计中，在商业模块，为了提升学员的商业敏锐度，建立其对企业经营与管理的整体认知，便在第二次集训时安排了一门"企业全面经营沙盘"的课程，内容是企业全价值链管理，方式是沙盘。这个课程在其他人才培养项目中，得到了大量学员和客户很高的评价，赢得了很好的口碑，所以当时我们非常自信地在该人才培养项目中设计了这个课程。

结果实施之后，我们发现效果并不好。后来分析原因发现，这个课程是个好课程，讲师在授课上面也非常专业，但是学员的基础比较弱，缺乏很多基本的管理和经营知识，所以他们很难吸收这门课程的内容。

很多时候这些弯路是不可避免的，正是有了这些反馈，项目组才能更了解学员的能力现状，后面才能为学员匹配更合适的内容。

通过第二次集训反馈及行动学习成果的汇报，我们对学员有了更深入的了解。我们调整了第三次集结的内容。本来第三次集结设计的是团队管理的内容，但后来在讨论中，项目组及客户一致认为，学员目前缺乏的是对中层管理的角色和定位的认知，于是我们将学习内容从"团队管理方法"调整为"管理者角色认知"，授课的方式调整为工作坊。在工作坊中通过体验式游戏、反思学习、能力现状研讨、能力提升研讨，让大家对自己管理者的角色和价值有了更清楚的认知。

学习的内容和方式在整个人才培养项目中是动态调整的，在设计和推动项目时要做好心理准备。同时，在与学员接触的过程中要有意识地了解学员的现状与需求，这样可以更好地调整接下来的设计和来年的人才培养项目设计。

（二）明线：行动线的推动

当行动学习课题破题并提交开题报告后，为有效推动课题的实质性进展，项目组一定要持续跟进每个课题的情况。特别是在每个课题小组前几次的研讨会议中，项目组最好是能够一起参与，同时需要重点关注以下几个方面。

1. 沟通的频率

基于开题报告中的沟通计划，人才培养项目组一定要督促课题小组保障基本的沟通频率，一般情况下一定要保障每月至少有一次全员参与的正式沟通，正式沟通可以是线上沟通也可以是面对面沟通。只有保障了基本的沟通频率，研究课题才有可能得到有效解决，人才培养也才有可能在解决问题中实现。课题研究如果没有基本的研讨与集体思想碰撞保障，最后的解决方案就会草草收场，这是绝大多数行动学习课题最终失败的直接的原因。

对于行动学习课题的推动，人才培养项目组首先是要确认和保障课题小组的沟通频率。

2. 开创的思维

有了基本的沟通频率保障，很多课题小组可能还会出现这样一个情况：

基于现成的办法解决现成的问题，甚至某些时候会调整目标以降低难度。这个时候就需要项目组及时干预，鼓励大家勇于挑战高目标，提出开创性的解决方案，如果只是通用性的解决一个问题，就违背了研究课题最初的本意。

什么是开创性的解决方案？以一个销售的例子来说明。

2012 年我们曾服务于一家小家电企业的营销咨询，项目需求是帮助大区完成当年的业绩目标，将销售业绩从 11.7 亿元提升到 13.5 亿元，完成 15%左右的业绩增长。当年整个家电行业受电商冲击销量直线下滑，绝大多数的区域和品牌的年度增长率都在 10%以下。这家企业实行的是结果淘汰制，他们上一年就没有完成业绩，如果今年还没有完成，那么可能会被组织淘汰。

如果我们只是基于传统的思维来解决问题，那么能够想到的就只能是"小修小补"。因为区域销量的来源，要么来自更多客户覆盖的横向增长，要么来自现有客户销量提升的纵向增长。一般情况下，对于成熟的区域很少有遗漏的大客户，也就是说传统的横向增长空间有限，所以只能寻找纵向增长的机会点。例如，哪个客户合作有问题，我们重点跟进一下，在稳定销量的基础上也许可以再增长一部分；哪个区域客户拜访不够，通过增加拜访频率提升客情，也许可以稳定客户并带来更多销量；也许可以再筛查一遍区域内的三四线市场，查看是否会有以往的"漏网之鱼"，也许可以再增加一点销量；在稳定销量的基础上，推出更大力度的促销，也许也可以带来部分增长。通过"修修补补"、强化跟进与激励，最终也许可以勉勉强强可以完成 13.5 亿元的任务。

那一年我们最终实现了销售业绩从 11.7 亿元到 19 亿元的突破性增长。大区总很快连升两级，被提拔为国内事业部总经理，管理 120 亿元的生意。那么我们是怎么做到的呢？

解决问题的根源在于思维的开创性，我们并不是基于 13.5 亿元的目标来寻找解决方案的，而是告诉大家：如果今年不能完成 17 亿元的目标，大家都会出局。当我们设定 17 亿元目标的时候，所有人发现利用原来传统的方法是很难奏效的，也是很难完成任务的。通过学习和研讨，我们回归到营销的本源：购物者与消费者，鼓励大家拓展思路，提出创新性建议。由此我们开拓了很多全新的渠道，包括母婴连锁店、妇幼保健院、婚纱摄影店，做出巨大贡献的是客户内购会，我们走进各个大型企业做促销，3 天卖出了以往 3 个月的销量。在某个新的渠道、新的方法尝试成功后，我们快速萃取经验，在整个大区内快速推广。由此，将原来的不可能变成了可能，这就是开创性。

可能很多人会觉得，问题关键应该是在一开始的目标设定。但是现实情况是，一开始大多数的课题团队都会制定一个宏大的目标，但是在实际推动过程中因为不断碰壁会逐步降低目标，直到这个目标很容易就能"够得着"。所以，对于研究课题的创新，要在问题解决的过程中鼓励和引导大家不要轻易放弃一开始的目标，努力寻找开创性的解决方案。

人才培养项目组要关注每个课题开始时的目标设定与解决路径，关注课题研究的开创性。

3. 学习的思维

有了基本的沟通频率保障及开创性的思维，并不代表就可以有效地解决实际问题了。这是一个认知误区，很多人认为行动学习就是课题小组不断讨论、不断进行思想碰撞，然后采取行动就可以取得良好的结果。

很多人对行动学习有误解，认为行动学习是无数次讨论，不断执行，以及在实践过程中的质疑反思。如果只是这样的话，行动学习的底层逻辑就是"三个臭皮匠顶个诸葛亮"。三个"臭皮匠"，真的能够顶一个"诸葛亮"吗？在现实中，不要说三个，即使是三十个"臭皮匠"都很难顶一个"诸葛亮"，因为某些专业领域的认知结构，并不是简单的人数加和的关系。

造成这个误区的另外一个因素可能是源于其重要的理论基础：库伯学习学习圈。行动学习常常举这样的例子：学习投篮的过程。你的目标是将篮球投入篮中，你站在罚球线准备投球，如果球没进，你会不断从投球的姿势、手掌肌肉发力、投出篮球的运动轨迹等方面总结经验。最后，你不但可以投中得分，而且命中率越来越高。这是从实践到经验不断循环的经验学习圈。

行动学习基本逻辑是通过不断实践，对实践进行复盘反思，总结经验，并将经验抽象至理论层面，再对理论进行实践验证，如此反复，不断优化迭代方法理论，在解决问题的同时也总结了经验，这是一个学习的思维（见图 4-4）。这个大的逻辑对于整个行业和社会的发展来说是适用的，对于某些没有参考经验，完全属于未知探索的课题也是适用的，但是对于一个组织、一个企业、一个团队的大部分课题，这样的方式并不高效。

图 4-4　学习的思维

同样以学习篮球为例，如果这个世界上没有人会打篮球，或者是找不到高水平的篮球教练，那么前面的学习过程也许是合理的。但是在现实中关于篮球已经有了非常成熟的方法和经验，我们完全不用从零探索、总结经验。如果我们能够找一个专业的教练，那么我们的成长一定会更加高效；如果没有专业教练的辅导，那么大部分的业余选手就很难达到专业水平。

很多企业行动学习的现状是，课题小组在不够专业的催化师的引导下进行多次研讨。来自不同专业背景的小组成员发现，对于要解决的问题自己并不了解，可能课题所有者也不是专家，而催化师本身也不可能了解每个课题的专业，因此只能督促大家不断研讨。在这样的情况下，整个团队很难会有智慧的碰撞。这样，在几次讨论后大家便会对课题彻底丧失信心和失去兴趣。

行动学习的提出者雷格·瑞文斯（Reg Revans）教授曾使用了一个简单的公式来表达行动学习，即：L（学习）=P（结构化知识）+Q（质疑）。行动学习中的学习（L）是由已经掌握的相关专业知识（P）与提出深刻问题能力（Q）的结合完成的。后来的专家学者对公式进行了迭代，最终变为 AL（行动学习）=P（结构化知识）+Q（质疑）+R（反思）+I（执行）。

从公式的角度分析，要想有效解决问题，需要"P、Q、R、I"有效结合，无论是"质疑""反思"，还是"执行"，都需要具备一定的"结构化知识"，否则问题的有效解决就无从谈起。什么是"结构化知识"？对于原著的解读，仁者见仁智者见智。我们的理解是与问题相关的专业性知识，解决问题所必须了解和掌握的专业性知识。如果课题小组成员只有"质疑"、"反思"与"执行"而不具备解决问题所需要的"结构化知识"，那么问题就很难得到有效解决。行动学习中的结构化研讨，并不是无数次的简单研讨和思想碰撞。

从实操的案例分析，要想问题有效解决，需要整个团队不断学习，并且要有课题相关的专业性知识导入，才能有观点可以进行思想碰撞。例如，课题小组要解决的是一个"产供销协同"的课题，而团队成员有的来自财务、有的来自市场、有的来自人力、有的来自生产，首先整个团队只有对"产供销协同"涉及的相关知识进行学习和了解后，才能提出有价值的建议。如果整个团队还缺乏供应链的专家，那就需要团队整合相关资源，并安排专人研究供应链的基本知识。同时整个团队还要了解行业里面的标杆企业和前沿的技术，才有可能创新性地解决问题。

中粮集团的团队学习法中关于结构化研讨的第一个环节是导入，如图 4-5 所示。

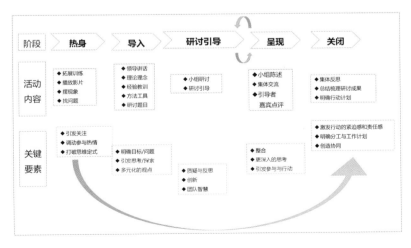

图 4-5　中粮集团的团队学习法

整个团队要有学习的思维。行动学习，不仅是通过行动获得学习方法。一般情况下，行动学习还需要学习三个内容：其一，与课题相关的专业知识；其二，与课题相关的行业或领域的标杆实践；其三，与课题相关的前沿技术。只有整个团队有了这些基本的认知结构，才能为群策群力与智慧碰撞奠定基础。

行动学习带给学习者的价值是"以用促学"，促进学习者的学习内驱。

人才培养项目组需要在每个课题小组推动中关注大家的学习，不仅是为了在课题推动中使大家获得学习成长，也是为了有效研究课题而让大家做的事前学习，包括专业知识、标杆实践与前沿技术。

4. 行动的思维

行动学习需要执行与行动。不仅是坐而论道，更是实处着力，知行合一。行动学习与传统研讨之间的较大差异是"行动"，传统的头脑风暴只是侧重于思维的碰撞与方案的制订。对于行动学习来说，每次研讨只是整个行动学习中的一个支点，行动学习的整个过程更多在于行动。

一般情况下，有了基本的研讨频率保障，有了开创性的思维与学习的思维，我们便能找到问题的症结所在，并能由此制订解决方案。在方案制订后，并不是向领导汇报后就束之高阁，而是需要课题小组根据解决方案，实际执行。只有在执行后，通过结果的对比分析，我们才能知道解决方案的可行性。对于结果偏差，我们可以再次分析、学习、研讨和优化，然后再执行，直到达成结果。

从学习的角度来说，行动是一种体验，只有做过我们才能更深刻地理解学到的知识，只有通过实践才能有效地将学到的内容转化为能力。人才培养项目组需要按照课题研究计划推动课题小组的落地执行与迭代优化。

关于行动学习，有很多专业的书籍介绍方法与工具，也有很多人总结了行动学习失败的原因。从大量的人才培养项目实践来看，制约行动学习取得理想成果的关键可以总结为 3 个方面：思维、方法、资源。首先，要有开放的思维、学习的思维、行动的思维；其次，要有基本的方法工具辅助；最后，离不开一定的资源支持，包括财与物的资源，更大的资源还是公司领导的支持。

（三）灰线：辅导线的推动

辅导线推动中遇到的挑战主要是导师的意愿和能力。导师工作繁忙，部分导师缺乏辅导的动力和意愿，部分导师缺乏相应的辅导技巧。

为了提升导师意愿，有两个关键点，一个是在选择导师阶段，一定要重点考察导师的辅导意愿；另一个是导师驱动，包括让导师做出书面的承诺，或借助导师领导的力量，推动导师履行职责，还可以加入导师评比环节。但评比的环节要慎用，不太适合高管当导师的人才培养项目。

为了提升导师能力，一方面在人才培养项目启动之初，要针对所有导师做一次辅导赋能，导入方法；另一方面在辅导一段时间后，要定期开展线下复盘工作坊，沟通问题、分享经验。

（四）暗线：认知线的推动

在认知线推动过程中，会遇到两大挑战，一个是关于自我反思，另一个是关于神秘镜子伙伴。

自我反思方面，有些学员没有坚持做到 3 个关键词自评、周情绪事件分析、月度总结与反思；有些学员没有落实 IDP 计划。

为了更好地推动自我反思，一定要树立标杆，先找到少数坚持做自我反思的学员，然后在集中学习时请榜样分享：自己是怎么做的、为什么坚持这样做、收获的价值是什么，最后让其他学员分享听完之后的收获与触动。

在一次集中学习时，我邀请几位坚持做自我反思的学员做分享，有几个人的分享一直让我印象深刻。其中一位学员分享："我每天都会坚持写 3 个关键词自评，刚开始不重复，后来找不到新词了，就会出现重复，但后来发现即使是同一个词，我发现它的内涵也是不一样的，通过这个过程，我让自己成了一个自燃的人。"

在 IDP 计划推动上，学员 IDP 计划推动情况很大程度上取决于 IDP 计划导师是否认真、负责，因此推动 IDP 计划需要从导师辅导这一环节入手。

神秘镜子伙伴方面，很多学员表示很难有机会观察到镜子伙伴，因此希望与平时业务工作中可以接触到的学员结成镜子伙伴。同时，很多学员不太愿意面对面沟通，特别是在面对负面反馈时有些不好意思。

很多学员反馈没有机会观察到自己配对的神秘镜子伙伴，如有些学员在上游工厂，而观察对象是总部财务人员，两人在工作上根本没有交集。后来有学员提出，可不可以把学员先分组，如上游的学员互相配对，总部的学员互相配对，这样不但可以保证大家是认识的，而且大家在工作上也会有交集。客户刚开始也提出过同样的疑问，但我们坚持先做一轮，如果最后确实不合适再做调整。

这样做出于两方面考虑，一方面，企业人才培养项目本身有一个重要的使命，就是要促进团队融合、组织关系的亲和。一对一的神秘镜子伙伴可以让自己与之前完全没有接触，或者整个学习期间都不会有交流的同学建立更深入的关系。另一方面，如果和自己要观察的学员之间没有工作交集，那么就需要动用智慧、整合资源来实现这个目标，这对所有学员能力也是一种锻炼。从我个人角度而言，学员提出这个问题，往往是被自己的思维所限制。因为神秘镜子伙伴在开班第一天就会被确定下来，所以学员还有第二天一天的机会与其观察对象建立联系，如可以和他交流学习心得、加上对方微信关注他的朋友圈。在我们设计的人才培养项目里是有行动学习的，学员如果对其观察对象那个小组行动学习的课题感兴趣，那么可以点状地参与观察对象的讨论会议。学员还可以建议班委多组织一些团建活动，多建立链接，自己平时也可以向观察对象请教一些对方领域的专业事情等，这些都是在创造与观察对象链接的机会，一定还可以想出更多，不要被自己的思维所局限。

从实际操作来看，学员基本上都会提交神秘镜子伙伴的观察记录，但很多人做不到面对面沟通。之前我们会要求学员在课前完成面对面沟通，后来发现大家只用微信做了沟通，所以在线下集中学习时会单独留出时间让大家面对面沟通。之所以强调面对面沟通，是因为沟通交流中的语音语调、肢体语言是非常重要的一种表达，可以快速拉近彼此的距离。

（五）暗线：评估线的推动

评估线在推动中遇到的挑战是缺少能力模型或者评估方式难以落地。

如果企业没有能力模型就无法确定评估维度，因此企业可以在研讨各个班级人才定位与标准时，逐步搭建企业的能力模型。如果实在没有精力搭建能力模型，那么可以和领导讨论，共同确定今年项目培养的重点能力。

由于项目组很难跟进学员的日常工作场景，所以评估方式落地有一定挑战。一方面，可以引入专业的人才测评公司，由他们设计评估活动并对学员进行一对一反馈，但是这种方式的投入较大；另一方面，如果没有预算引入专业人才测评，可以在人才培养项目中有意识地设计评估场景，如每次的课题研讨会就是很好的评估场景，在课程中的某次研讨也可以是评估场景，可以让课题小组成员之间互评，也可以让神秘镜子伙伴给出一定评价。

二、变化：接受不确定性

在人才培养项目设计时，往往会出现两种极端：一种，认为计划永远赶不上变化，而不注重计划性；另一种，期望能够对人才培养项目周期内的每一个工作和执行细节，进行提前预判和设计，以降低风险。

大多数情况下，项目的推动方式与执行结果取决于人才培养项目一开始的设计，同时我们也要看到变化性。对于人才培养项目来说，再完美的计划在执行时都会有变化的可能性。从必要性的角度来看，人才培养项目整体设计方案没有必要细化到每一天的工作，否则不但极费时间和精力，而且整个方案也会显得极度冗繁；从汇报的角度来看，一个人才培养项目方案，必须控制在 15 分钟内讲完，由此可以确定方案细化的颗粒度；从可行性的角度来看，所有的方案主要是基于以往的经验与组织现状的特点，加之部分对于未来的预判所设计的。在未来还未真正到来之时，所有的计划都只是预判，所有的计划也就一定会存在误差性，所以人才培养项目方案设计很难做到绝对不变性。

因此，在设计人才培养项目方案时，需要强调计划性。从认知上，要具备人才培养项目落地执行时的变化意识。在计划阶段，就要为执行阶段预留变化的空间。未来的不确定性是一种必然，互联网高速发展，信息的快速传递使内外部环境瞬息万变，有效面对未来环境及项目的不确定性，是对人才培养项目组的一种能力要求。

（一）学习内容的变化性

人才培养项目中的学习内容，可以简单地理解为人才培养项目过程中的课题主题。一般情况下，我们期望一开始就设定好全年 4～5 次的培训主题。主题的确定主要取决于培养目标与人才现状，用一个简单的公式描述：需求=目标-现状。在项目一开始，人才培养项目组对学员不够了解，甚至学员名单都不是由人才培养项目组确定的。因此，对于公式中的"目标"与"现状"人才培养项目组很难把握精准，也就更难精准地明确人才培养项目的培养目标。

即使项目组确定了几个大的主题方向，细节内容也很难在一开始确定。例如，"团队管理能力"是大多数管理人才培养项目想要重点提升的能力。"团队管理能力"的具体内容是人才的选用育留、塔克曼的团队发展阶段理论、授权与激励，还是基于权变理论的情境领导力、卓越领导力、教练型领导力，取决于项目组对学员的足够了解和项目组认知结构导致的洞察能力，因为即使是同样的现状，不同的人也会有不一样的建议。

基于企业的能力素质模型、人才培养项目的共性能力要求、企业的战略主题等，我们可以在人才培养项目的方案设计阶段确定人才培养的方向，也可以确定一开始的主题，而对于后面几期的主题不用非得在一开始就完全确定。在人才培养项目推动中通过对学员了解的不断积累，以及吸纳学员与班委的建议，项目组可以更加精准地把握培训需求。因此，项目组只需要在每次集训后，做好复盘，并结合前期的现状确定下一期的主题即可。如果没有在集训后及时确定下一次的主题，也要在下一次集训前一个半月确定好下一次的主题。因为要与讲师提前做好沟通，还有大量的筹备工作与设计，所以需要预留足够的时间。

（二）学习方式的变化性

学习方式，在项目之初便有了基本的设计，但是在执行时，一定会存在变化，所以可以根据变化及时做出调整。变化主要来源于三个因素：学员的现状、学习内容的变化、项目组的成长。

变化因素之一，学员的现状。与学习内容的变化性一样，只有当项目组足够了解学员现状，才能设计出更适合某个人才培养项目的学习方式。例如，同样为高潜班，有些班级非常活跃，愿意创新，而有些班级非常沉稳，侧重落地，有些班级愿意多研讨，有些班级愿意多倾听。

变化因素之二，学习内容的变化。全年多次的集训主题，不同的学习内容，其学习方式不一样，教学方式也不一样。对于某些知识类的内容，项目组侧重帮助学员梳理知识结构；对于某些技能类的内容，项目组侧重刻意练习与针对性反馈；对于某些意识类的内容，项目组需要与讲师一起设计课中的体验和课后工作中的执行落地，工作中的实践是最好的真实场景体验。虽然在一开始，项目组会对整个人才培养项目有一个整体设计，但是很难细化到每一个课程。某些学习主题的具体学习内容也需要在过程中确立，所以学习内容的变化必然会带来学习方式的改变。

变化因素之三，项目组的成长。对于刚刚开始做人才培养项目的团队，或者是面对一个新的人才培养项目，大多数的人才培养项目组追求的是安全性与掌控性。项目组一开始采用的学习方式，一般都是他们有过相关经验的方式。随着项目的推动，项目组对学员的了解越来越多，对于项目掌控感的逐步增强，此时项目组开始接纳并尝试创新。

我们曾在一个全年的人才培养项目中设计了"神秘镜子伙伴"的学习方式，帮助大家更好地认知自我。对于全班来自不同业务领域的同学来说，有一些问题需要考虑：同学之间该如何配对？完全随机配对？就近业务领域配对？之所以有这样的问题，一方面是因为大家相互之间不是非常熟悉，另一方面在日常工作中大家相互接触的机会很少，有人在海外，有人在国内，有人在总部，有人在大区，有人在上游生产，有人在下游营销，总之日常工作中很少有交集。

我们一开始的设计是完全随机的，对此企业方的项目组在一开始便有非常多的顾虑，特别是当我们把规则告诉给学员后，很多学员也向企业方的项目组反馈了不便接触和观察的问题。在我们的一再坚持下，基于对我们的信任，第一阶段的伙伴配对采取了完全随机配对的方法，计划第二阶段再调整为就近业务领域配对，并分为上游和下游两个大的团队，再在团队内进行配对。

但是当第一阶段结束时，根据大家的反馈发现完全随机的配对更有价值。于是，第二阶段我们延续了完全随机配对的方法。

未来具有不确定性。变化，是为了更好的适应。所以，从认知上，人才培养项目组首先要接纳变化性，在设计之初要主动预留变化的空间，特别是针对一个长周期的人才培养项目；其次能够更好面对不确定性是大多数人才的一项标准能力。

三、推动：整合各方资源

实践线的推动，离不开大量资源的支持，特别是信息资源、专家资源等有助于课题推动的资源。但是在现实中，很多人对于资源的理解有一定局限性，所能想到和得到的资源非常有限。

（一）什么是资源

说到资源，很多人的第一反应是"权力"与"人财物"，认为资源完全取决于权力的大小，因为权力意味着公司赋予的"人财物"的多少。

例如，你是某企业的培训人员，需要组织一场专业的培训，领导给到你的预算只有 3 万元，其中包括了讲师课酬、学员手册印刷、学员上课奖励、培训实施中的相关物料等。通过对培训行业的调查了解，你发现培训内容具有专业性，该专业主题的某知名讲师的课酬在 8 万元左右，即使是一般的讲师，最少也得 5 万元；学员手册，预计需要 2000 元；培训场地正常一天需要5000 元，而这里面并不包括吃饭；对于其他上课奖励与物料，能借则借、能省则省，姑且算作 200 元。即使是这样，经过简单核算，也会得出一个结论：资源太少，这项任务很难完成。因为预算的钱，连支付讲师课酬都不够，更不要说组织实施费用了。

以终为始思考，我们为什么需要资源？因为一项任务的完成需要无数资源的支持和协助，但是能够协助任务完成的资源绝不仅仅只有"人财物"，所有有助于任务完成的资源都是你的资源。

以上面的培训为例。关于讲师的课酬，一方面可以思考，企业内部是否有这一方面的专家。如果有，那么即使需要付费，费用肯定也会远远低于外部讲师的课酬，所以内部专家是你的资源。也许对于某些人来说，由此会带来第二个问题：负责课程的培训专员的职位有限，邀请不了专家出面。此时你的领导、你领导的领导都是你的资源，可以通过更高职位的人来邀请专家出面。或许某些时候企业内部确实没有合适的资源，只能外请讲师，此时该如何整合资源呢？我们曾见过一个企业，负责该课程的培训专员，经过和讲师的沟通协调，通过资源互换来整合资源。简单来说，该培训专员和外部专家经过沟通后，通过 3 个方式来让专家降价。其一，承诺以后如果有充足的预算，一定优先考虑与专家合作，而且不再压价课酬，但是不能保证下次合作的具体时间；其二，如果此次合作获得了学员的高度满意，那么将把该讲师及课程推荐给企业内部其他单元（至少两个），包括集团总部与其他兄弟单位的培训部；其三，合作满意后将把讲师与课程推荐给外部企业（至少两家企业）。由此专家的课酬从 8 万元降到了 4 万元。但是，即使这样课酬费用还是在预算之外。因为这是一门专业课，所以该主题与业务单位密切相关。于是，该培训专员又联系了几家业务单位的领导，在陈述了培训背景与专家实力后，告知业务单位整体培训学员数量有限，承诺给予愿意赞助 1 万元的业务单位 10 个学习名额，其中有 3 家业务单位愿意提供 1 万元的费用支持，总计获得 3 万元支持，整体费用便有了 6 万元的资源，所以业务单位也是他的资源。对于培训场地，该课程的培训专员借用了某业务单位的会议室，学员手册则不印刷纸质版，直接发给学员电子版，其他物料、奖品则预留了 1000元。这样，一场培训组织完后，不但学员满意、讲师双赢，而且还剩了 9000元可以留作下次使用。

这就是更加广义的资源观，所有能够协助项目落地的资源都是"你"的资源（见图 4-6）。

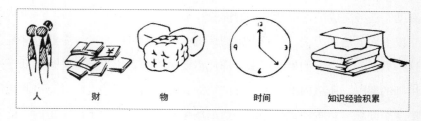

图 4-6 "你"的资源

（二）有哪些资源

对于人才培养项目来说，具体有哪些资源呢？可以统分为人、财、物、制度 4 个维度的资源。此次我们仅分享变数较大的人与制度的资源。

人，是所有项目中非常重要的资源。对于人的资源整合，有一个著名的六度分割理论，即任何两位素不相识的人之间，至多通过 6 层关系，总能够产生必然联系或关系。

20 世纪 60 年代，哈佛大学的社会心理学家米尔格兰姆（1933—1984）曾设计了一个连锁信件试验。他将一套连锁信件随机发送给居住在内布拉斯加州奥马哈的 160 个人，信中放了一个波士顿股票经纪人的名字，信中要求每个收信人将这套信寄给自己认为是比较接近那个股票经纪人的朋友。朋友收信后照此办理。最终，大部分信在经过五六个步骤后都抵达了该股票经纪人手中。六度分割的概念由此而来。

所有我们想要整合的人脉资源，原则上都可以整合进来，关键在于我们是否能够找到整合的路径和有效方法。能够帮助项目组整合资源的第一圈核心人脉资源主要包括了 3 个群体：项目组、公司领导、班委与学员。首先，项目组每位成员都是人才培养项目的核心人脉资源，通过项目组可以进一步整合讲师及专家资源；其次，公司领导，包括公司高管、导师等，通过他们能够整合行业与社会资源；最后，班委与学员，通过他们可以有效整合整个企业及外部社会的资源。

制度，是人才培养项目组需要善用的另外一个重要资源。例如，学习档案的积分是一个我们可以借用的管理资源；各种评优及奖励政策，也是我们的一个管理资源；每次课程设置的最佳智慧共享奖，可以极大地调动小组的学习积极性；为班委设置的最佳班委奖，可以极大地调动班委的积极性。我们也可以为全班学员设置课题研究、高效学习、IDP 成长等个人与集体的多个奖项，这些都将有助于我们整个项目的有效推动。

（三）如何整合资源

资源整合的本质是双赢思维。首先，需要打破狭隘的资源观；其次，需要构建资源整合的思维，很多人都有"万事不求人"的传统思维，而这对于资源整合来说是一道壁垒；最后，资源整合的技巧，对于人脉资源来说，越用越有价值。

资源整合的三个境界：最低境界，资源非常有限，所以必须"手中有粮"才能"心中不慌"；中间境界是资源交换，通过资源交换获取了非常多的资源；

最高境界是人格魅力，一切资源都能为我所用。

资源整合的思维，不但是人才培养项目组推动的关键，也是绝大部分学员的一项缺陷。所以，人才培养项目组需要将这个观念传递给学员，特别是在课题研究的推动中传递给课题小组。因为大量的人才培养项目实践发现，绝大部分的课题小组习惯于埋头苦干，而不善于打开思路、整合资源。对于课题小组来说，人才培养项目组是离他们最近的资源，公司领导、导师、直接上级都是他们的资源，班级同学甚至部门同事或者社会关系都是课题小组的资源。

最大的资源，是你的智慧，影响资源整合的最大瓶颈，是你的格局与能力。

四、沉淀：积累实践经验

项目在推动过程中，既有基于计划的有序实施，也有基于变化的创新应对。人才培养项目组要善于进行经验的总结与沉淀，包括成功的经验与失败的反思。对于人才培养项目来说，不能等到整个项目结束后再做总结，因为人才培养项目周期较长，而真正的"珍珠"撒落在项目过程中的每个实践中。

总结的内容，可以囊括项目推动过程中的任何方面。

课程主题与内容确定：如何基于学员的学习进展与学员特性，确定下一次的课题主题与具体内容？

每次集训前的筹备：如何更加高效地完成每次集训前的筹备？包括确定时间、确定场地、确定讲师等。

课程讲师质量把控：如何高效地把控每次集训讲师的筛选？甲方与乙方如何有效配合才能让讲师筛选更加高效？

学员能力的转化：在每次集训后及整个人才培养项目期间，如何更好地帮助学员实现知识到能力的转化？

项目的有效推动：在项目过程中，如何更加有效地推动 5 条线？

项目组管理：项目组组建及配合中，哪些需要改进？有什么经验？

学员管理：在项目推动过程中，特别是集训之后的在岗工作中，如何实现学员的有效管理？

资源整合：项目推动过程中，有哪些资源整合的经验？如何获得领导的支持？如何调动导师的参与？如何让班委更好地发挥价值？

流程管理：在项目推动过程中，有哪些流程具有重复性可以总结优化？也许是领导的邀请函，也许是高管的分享方式，也许是课堂上的积分管理，也许是新闻稿的撰写模板等。

过程中的经验沉淀，通常有 3 个时机：每次集训前对于前期经验的总结及前一阶段学员的反馈；每次集训后的及时复盘；过程中的阶段性跟进。一般情况下，我们都习惯于每次集训后的及时复盘。

除了人才培养项目组自身的沉淀，也可以帮助和发动学员个人与课题小组养成总结的习惯，包括每次学习的总结，每次思想碰撞的感悟，每次实践的经验。甚至可以由班级小组轮流对每一次课程的内容进行总结内化，开发出符合企业内部情况的课件。从学习技术的角度来说，通过输出的要求，倒逼大家的输入与内化。

无论何时何地，针对任何内容进行总结复盘，都不能只停留在口头上，一定要养成文字输出的习惯，真正将每一滴团队的"汗水"变成组织的智慧沉淀。

人才培养项目的有效推动，是整个项目成败的关键。在推动过程中，5 条线是项目推动的主线和抓手，要以开放的心态接纳变化，要善于整合各方资源，要做好人才培养项目中每一滴"汗水"的沉淀。

第四节　项目结业

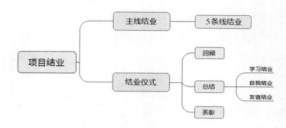

企业发展与人才培养，因伴随着企业的生命周期而具有长期性，对于某个具体的人才培养项目来说，却具有阶段性，一般的人才培养周期为 1～3 年。项目结束，既是整个人才培养项目各条设计主线的结业，也是整个人才培养结果的输出，为企业的可持续发展培养并筛选出合格与优秀的人才。

在项目结业时，大家都会有满满的收获，所以在结业时要注重仪式感的设计。

整个人才培养项目结业需要对 5 条主线分别进行结业的设计，最后也要对整个人才培养项目进行仪式感的整体结业。

一、主线结业

完整的人才培养项目设计包括了 5 条线，所以结业设计时，需要对 5 条线的结业分别进行设计，其中学习线与课题线为明线，是结业设计的重点，灰线与暗线的部分内容将融入明线或者整体结业仪式中进行结业，部分内容也可以进行单独的结业设计。

（一）学习线结业

学习线为明线，是结业仪式中的一个重点，对于学习线的结业时间设计，可以单独设计为半天至一天。可以将认知线融入其中的一些设计中，当然也可以将认知线独立设计。

1. 仪式设计

第一步，项目组可以对整个人才培养项目中学过的内容，进行一个简单回顾，让每位学员画出每门课程的知识结构图，可以规定允许翻阅原来的材料，也可以规定不允许翻阅。不允许翻阅，则真正检验了大家对于每一个学习主题的知识性掌握程度；允许翻阅，则是进一步的巩固。具体可视目的的差异而选择。第二步，当每个人画出自己理解的知识结构图后，可以以小组的方式进行共创，共同产出一个小组的知识结构图，由此大家可以对自己的认知结构有一个完善和补充。第三步，当大家画出每门课程的所有知识结构图之后，可以让大家把所有内容融绘成一张图。在进行第三步之前，可以用"世界咖啡"①的方式，将整个班级的产出共享给所有小组，进一步完善认知结构。第四步，分享和总结小组成果。仪式感设计示例如图 4-7 所示。

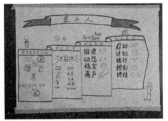

图 4-7　仪式感设计示例

---

① 世界咖啡：一种会议模式，该模式的主要精神就是跨界，不同专业背景、不同职务、不同部门的一群人，针对数个主题，发表各自的见解，经过充分思想碰撞，激发出意想不到的创新点子。

由此，便完成了对于整个人才培养项目期间的学习总结。然而，"知道"并不代表"会做"，更不代表习惯与思维方式的养成，所以可以进一步做最佳实践的分享与总结。

第一步，基于前面的知识结构输入，要求每位学员反思整个项目带给自己的最深触动，这里需要每个人提炼一个简单的案例；第二步，在小组内分享个人感触和案例，并推选一名小组代表；第三步，由小组代表完成班级内的实践分享；第四步，在课后可以将最佳实践提炼成一个案例，纳入案例库，并在组织内分享。

对于认知结构图与最佳实践成果，可以设置评比机制，对于最佳实践成果，可以在整个项目的结业仪式上进行公布和表彰。

2．设计原理

从学习技术的角度来说，学习对于学习者来说只是输入，而影响输出效率的是中间的内化环节；从知识的角度来说，通过检查输出情况，既可以检验输入的学习效果，也可以进一步倒逼中间内化的环节；从技能与意识的角度来说，实践是非常好的检验方式，但是在仪式感设计中，没有办法检验所有人的实践成果，所以案例分享是比较具有可执行性的方式。案例，既是一个场景，便于大家的理解，更是一个标杆，可以促进大家意识的转变。

（二）课题线结业

课题线作为主线中的另外一条明线，也是结业仪式中的一个重点，对于课题线的结业时间设计，视课题的多少可以单独设计为半天至一天。

1．课题结业前的准备

课题结业前的准备主要包括课题小组提交总结报告，组建和邀请课题评委小组，确定课题评估标准。

首先，课题小组提交总结报告。每个课题小组按照课题汇报的格式提交课题的总结性报告，包括课题背景、课题任务与价值、研讨过程与采取行动、取得的成果、成长与收获及下一步的行动计划。STARLP 模型如图 4-8 所示。

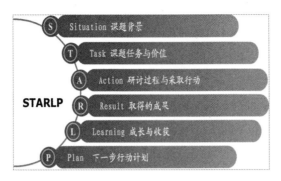

图 4-8 STARLP 模型

　　其次，组建和邀请课题评委小组。一般来说，课题小组由 4~5 人组成，除了集团高管，最好有战略部与财务部的人，以及课题所需的领域或行业专家参加。战略部的人可以帮忙把握整个课题研究成果的方向与集团发展战略方向的一致性，财务部的人可以从项目的收益性进行评估反馈，领域或行业专家更多是从专业的角度进行评估。在邀请评委时，战略部与财务部的人相对固定，担任所有课题的评委，领域或行业专家评委则可以根据课题的差异而变化。在执行时，为了提升可操作性，除非某个课题具有极强的专业性，专家评委会有差异，否则一般会让评委相对固定，即评委小组会对所有课题进行评估。

　　最后，确定课题评估标准。此时的课题结项，主要是基于人才培养项目的结项而设置的里程碑。对于大多数的课题来说，课题结项只是其中的一个节点，并不是结束，所以在课题评估时，评估标准的制定至关重要。我们在设置评估标准的时候主要包括 7 个指标：课题战略性、成果创新性、方案系统性、成果收益率、落地操作性、项目周期性、汇报清晰性。**课题战略性**是指整个课题与企业发展战略的一致性，以及对于企业战略的支撑性；**成果创新性**是指整体解决方案和成果是否具有开创性；**方案系统性**是指在整个课题小组在制订计划、推动执行过程中，是否进行了全面思考、研究与论证；**成果收益率**是指整个课题的推动及成果的财务衡量，是否具有投资性；**落地操**

作性是指整个课题的方案及最终的落地计划，是否具有可操作性和执行性；**项目周期性**是指整个项目如果需要完整执行，其项目周期是否在企业所能接受范围内；**汇报清晰性**是指课题汇报时，是否逻辑清晰、重点突出、有效答疑等。

2. 结业时仪式感设计

材料上，为了提升仪式感，在课题汇报时，所有课题小组的课题报告必须以 PPT 的形式呈现，同时需要提前将所有课题报告材料打印出来发给所有评委，便于评委的查阅；时间上，一般情况下每个课题小组的汇报时间为 15分钟，答疑与总结时间为 10 分钟，每个课题小组的时间总计为 25 分钟，加上课题组之间的换场，需要为每个课题预留 30 分钟；流程上，首先是每个课题小组的汇报，项目组会在最后 5 分钟与 3 分钟的时候提醒时间，然后是评委的互动答疑，包括评委的提问、点评与建议，最后是评委的评分，由课题组及时收集评估表进行统计。对于所有课题小组的评估结果，可以不在现场公布，而是放在整个结业仪式上进行公布，并为优秀课题组颁奖。

3. 课题结业后的落地

课题评估，对于大多数的课题来说并不意味着结束，而是新的开始，所以课题的后续落地推动至关重要。

对于优质课题，尤其是战略性、创新性、可操作性等各方面都很优秀的课题，可以组建课题小组直接推动落地。推动落地可以有两种方式，对于完全创新性的课题，特别是不能清晰划分到原来组织架构中的课题，可以直接抽调原来的课题小组，组建成一个创新小组直接进行落地。例如，某个企业的课题小组研究的是企业产品的社群营销模式，虽然企业也有电商团队，但是社群营销特别是基于新技术的自媒体营销平台具有独特性，最终企业成立了社群营销团队来推动社群营销模式的落地。对于大多数课题来说，需要依靠课题所有者的业务单位来推动落地。

对于半优质课题，即整体来说非常不错，但是在某些指标上仍存在严重不足而不能直接落地推动的课题，则进入到课题池，原课题小组可以继续研究，也可以由下一个人才培养项目班级进行进一步研究。例如，某个课题小组进行了企业设备的物联网研究，既符合企业的战略性，也具有创新性，操作上也有可行性，但是从财务的角度进行评估时，发现没有量化的财务数据，并且没有明确的项目产出周期数据。因此，这个课题则不能马上落地，需要进一步的研究。

对于劣质课题，即各方面都不优质的课题，则直接放弃，而且这类课题应该是在课题选择之初就要尽量避免。

（三）辅导线结业

灰线因为涉及导师，而导师不是整个项目的主体，所以将会依附于明线或者结业仪式来进行结业。为提升可操作性，常用的设计是基于 IDP 计划与课题结果的评估，以此来对优秀导师进行评估，并在结业仪式的时候为优秀导师颁奖。

（四）认知线结业

认知线为暗线，除非进行专业测评或有工具辅助，否则很难对认知线进行量化评估，所以认知线的结业更多会融入明线之中。如果在整个人才培养项目中借助了一些工具，对于大家在整个项目过程中的认知结构变化也有数据积累，则可以进行认知线的专项结业。例如，我们曾在人才培养项目中开发了一个小程序——"问吧"，通过对"问吧"里某些问题的前后回答对比，来分析大家认知的变化；我们也为自我认知与自我发展，开发过一本工具手册"IDP 成长手册"，通过整个项目期间的自我记录，来助力自我认知的提升。基于过程数据的积累，可以在结业时对认知线进行定量与定性的结业仪式设计。

（五）评估线结业

评估线也为一条暗线，人才培养的过程也是一个评估的过程，对于组织来说，这甚至是主要目的之一。在评估中不仅包括学习过程的纪律记录，还包括个人能力与潜力的评估。因此，评估线一般只会对纪律性的学习档案进行仪式感设计，并将学习档案的结果融入结业仪式中进行颁奖设计，对个人的综合评价则会进行后台评估。

各条主线的结业一般会放在整个结业仪式之前，主线结业的一些成果会应用在结业仪式上，同时也会在结业仪式中完成灰线与暗线的结业。

二、结业仪式

结业仪式代表着整个人才培养项目的阶段性结束，需要对项目启动之初的各项目标及过程中的各种表现进行回顾、总结和表彰，既是对人才培养项目过去的成果的激励，也是对未来人才培养项目的引导。一般情况下，独立的人才培养项目结业仪式包括三步，回顾、总结与表彰。

（一）回顾

传统的方式是制作一段视频或者照片展，对整个人才培养项目的目标、启动与过程进行简单回顾。在项目回顾时，可以将班委及班级资源整合进来，从学员的角度进行回顾，现场的感染性会更强。在回顾时，可以将 5 条主线的结业成果呈现出来，包括学习结构图、课题研究成果、个人成长等。

（二）总结

总结应该是整个结业仪式中的重点。

1. 学习结业

此处的学习指整个人才培养项目期间的所有学习。在仪式设计上，可以让每个小组分别上台展示学习成果，既给了大家在领导面前展示的机会，也能让领导直接了解人才培养项目成果。展示内容包括 5 条主线的所有内容。

2.　自我结业

"未来"已来。在开班时我们曾设计了"写给未来的一封信"的活动，在结业时可以将所有密封的信封还给学员，让学员自己对照当初的目标与誓言判断自己是否已经实现目标，然后挑选部分学员进行分享。我们曾在多个项目结项时采用这种方式，时间飞速流逝，如果我们不善于规划未来、把握现在，那么未来很快就会成为过去。

3.　友谊结业

一段难忘的同窗情。虽然大家同在一家企业，但是对大多数的学员来说，很难有机会像在培训班一样可以一起同窗、一起挑战、一起拼搏。大家不要忽视这种人际关系的价值，对于每个人在后期工作的推动中、跨部门协同中，它的价值是不可估量的。它既提升了跨部门协同的效率，又提升了大家资源整合的意识。

在仪式设计上，可以为每位学员准备 5 张卡片，每个人可以感谢在整个项目期间对自己帮助最大的 5 位学员。这里的"帮助"，即对自己有过直接帮助，或者是在学习期间带给了自己很大感触，大家可以将感谢的话写在卡片上亲手送给要感谢的人。我们曾在某家企业的高管人才培养项目中设计了这个环节，最后出现了一个尴尬的场景，整个班级中较为自信的一名学员一张感谢卡都未收到，这个环节给他带来了巨大的触动，也带给了他很多反思。在结业后大家看到他相比较于项目期间有了很大改变，几年后他被提拔为总经理。多年后他告知我们，在他的职业成长道路上，让他做出最大改变的就是那次结业时的感恩仪式。

当然，对于某些项目来说，也许这种仪式设计是一种风险，因为会担心尴尬场景出现，但是从我们的角度来说，这只是学习中的一环而已。

（三）表彰

表彰将是整个结业仪式的高潮，要对整个人才培养项目中的方方面面进行表彰。表彰本身便也是一种企业文化的体现，体现了企业的倡导方向与准则。

在表彰设计时，可以有个人的表彰，也可以有集体的表彰。表彰的内容，既可以是人才培养项目的 5 条主线，也可以是整个学习期间的学员档案得分，所有明线、灰线、暗线的成果都可以体现在奖项中；表彰对象，既要有学员，也要有导师；表彰的形式，以精神表彰为主。在表彰时，可以设计一些奖状或证书，而不仅是口头的精神表彰，这样会带给人们完全不一样的感受。

整体来说，整个结业仪式的时间控制在半天内较为合适，一般会放在上午。

人才培养项目的结业不只是结束，更是新的开始。对于固定的人才培养项目，也就是每年都会固定开班的人才培养项目，上一个人才培养项目的结业同时也会是下一个人才培养项目的启动。

第五章

Replay 复盘：项目沉淀

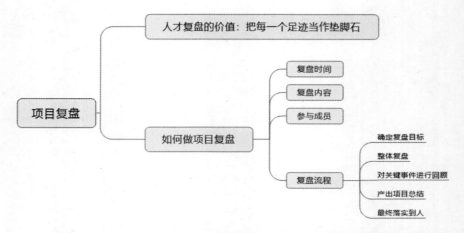

人才培养项目结业，对于学员来说也许算是一个培养周期的结束，但是对于人才培养项目本身及人才培养项目组来说，复盘与归档才是人才培养项目的真正结束。

复盘，是一个围棋术语，也称"复局"，指对局完毕后，复演该盘棋的记录，以检查对局中招法的优劣与得失的关键。下围棋的高手都有复盘的习惯。

复盘，不仅是个人、团队和组织快速成长的一个有效方法，还是很多企业的企业文化，如联想集团的复盘文化。

关于复盘的通用方法和工具，市面上有很多介绍材料，在此不做赘述，我们仅从人才培养项目的角度做一些实操性分享。

人才复盘的价值：把每一个足迹当作垫脚石。

人才培养项目复盘，是对人才的一个全面回顾，对一些关键事件进行分析，从而从过去的行为中总结经验教训，优化本项目下一阶段的推动，为其他项目提供有价值的参考。

对于人才培养项目组来说，人才培养项目复盘，本身是一种仪式感的体验，可以增强大家的项目归属感和项目荣誉感。对于长周期的项目、优质的项目来说，人才培养项目复盘会成为很多项目参与人员一笔重要的人生财富，会在其职业生涯中留下浓墨重彩的一笔，成为经典案例。复盘过程和结果对项目组成员来说也是一种经验的升华。

对于组织与企业来说，人才培养项目复盘，是组织沉淀和文化塑造的良好契机。在复盘过程中，可以将项目中沉淀的经验、流程、方法、工具等固化下来，成为下一个人才培养项目的重要参考。因此，人才培养项目复盘是总结利弊得失的过程，也是塑造敏捷迭代、持续改进的企业文化的过程。

一、复盘时间

在人才培养项目结业后一个月之内进行人才培养项目复盘比较合适，最好是结业后的 1～2 周之内。这个时候，团队一般都在做人才培养项目的收尾工作，如做人才评价报告、项目总结报告、安排对接下一阶段的计划等，因此这时团队能拿出一些时间做深入综合性的讨论。这个时候大家的记忆也比较清晰，能够通过回忆一些细节还原很多项目过程中的事实，从而为项目复盘做好信息输入。

二、复盘内容

人才培养项目复盘，基于项目本身的大小，包括项目周期、复杂程度、设计主线的多少、项目组成员的多少、参与方多少等差异，可以从多个子维度进行复盘。对于某些较小的人才培养项目，如周期较短、项目组成员较少或者设计与运营相对简单的项目，则可以对整个人才培养项目做一个综合性复盘。

三、参与成员

人才培养项目复盘时的参与人员，需要视复盘的具体内容而确定。整体来说，建议让复盘内容相关的所有直接相关人员都参加，尤其是那些承担着关键角色或者从头到尾都有参与的人一定要参与复盘因为不同的角色会有不同的视角，不同时期的人会对项目有不同程度的理解和输入，所以项目参与者非常关键。对于间接人员则视具体情况而定。例如，对于学员选拔环节的复盘，可以邀请参与选拔、面谈与测评的相关人员参加，在某些企业由干部管理中心负责，在另外一些企业则由人才测评中心的人来主导。但是他们无须参加讲师管理等环节的复盘内容，因为对于讲师管理来说，一般情况下与他们之间并没有直接关联。

四、复盘流程

关于复盘有很多专业的书籍，在此我们仅简要介绍一般性流程，重点分享实操中的一些技巧。

一般来说，复盘的通用流程遵循以下 4 个步骤：回顾目标、评估结果、分析原因、总结经验，而在实际操作中，我们会按照如下流程操作。

1. 确定复盘目标

首先需要和所有参与人员明确本次复盘的目标，也就是复盘范围、复盘内容、复盘时间，以及本次复盘目标和产出的期望等。在现实中，很多复盘比较宽泛，没有聚焦、和产出目标。

2. 整体复盘

确定复盘范围后，便开始正式复盘。

第一步，让大家分享当初对于项目的理解，包括 3 个方面：目的、目标、标准（成功图像）。

首先是目的，在整个人才培养项目推动过程中，我们对于项目目的与需求的理解是否有偏差。例如，在某个内训师的人才培养项目中，一开始的定位是为了培养优秀的人才培养队伍，但是在项目推动中，随着项目的深入和影响力的提升，内训师团队项目承担了更多的职责，包括沉淀企业发展中的最佳实践，推动企业战略落地等。

其次是目标，人才培养项目中的目标是指整个项目的最初目标，最初的目标在整个人才培养项目推动过程中是否有变化。

最后是标准，也叫成功图像，也就是在人才培养项目的一开始对于项目成功或失败是否有明确的标准，对于整个项目的成功图像是否有描绘，在整个项目推动过程中是否有变化。

第二步是正式的项目回顾，这个部分建议以讲故事、讲感受这种比较感性的形式进行。可以先画一条时间线，时间线上面标注几个关键的节点，所有人以贴条的形式将自己印象深刻的事情写在纸条上，并贴到相应的时间点上。

讲故事的方法不仅能调动大家的思维，还能让整个过程富含趣味性，不至于让整个项目在复盘一开始就进入枯燥乏味的讨论环节。

在贴条完毕后，可以按照时间先后顺序，让贴条的人一一讲述纸条上面的故事，故事内容可以包括当时是怎么发生的、有什么问题、冲突是什么、如何解决的等。

这个过程伴随着故事的深入和点滴的回忆，会将大家带入一种掺杂着喜怒哀乐的情绪里。在各种情绪里，团队成员之间会对当时发生的事情产生更进一步的理解，同时还会产生共鸣与信任。

3. 对关键事件进行回顾

在对项目的整体过程及发生的故事有了统一理解后，大家可以针对关键的事件进行回顾，回顾当时做得好的地方、不好的地方，以及学习经验。这些经验都将是以后项目取得成功的有力保障。

4. 产出项目总结

结合整体项目复盘与关键事件的回顾，借助工具表——项目复盘表，产出整个人才培养项目的总结。除项目基本情况与项目复盘基本信息外，项目总结主要是借助通用的复盘流程，分为 4 个大的步骤来进行总结。

5. 最终落实到人

在完成以上复盘动作后，最后的收尾一定要落实到项目组团队的表彰上。基本操作方式是，将每个人的头像贴出来或者写上姓名，团队所有人通过在整个项目周期中与这个人合作的经历及讲故事环节中得到的信息输入，对自己的每个团队成员进行肯定和鼓励。例如，当你觉得这个人特别细心谨慎时，那么就把这样的形容词写在纸条上，贴到他的头像或姓名周围。

在这个环节结束后每个人都会拿到一些来自别人的肯定评价，这就是个体的优势，这些都将作为可迁移的技能被带到下一个项目，这也是对团队进行激励的一种很好的方法。若有条件，可以在此基础上，设置一些奖项，进行个人或小团队的表彰，并颁发物质或精神奖品。

在人才培养项目复盘时，有以下三点需要注意。

第一，复盘过程最好寻找一位引导者带领大家一起回顾，这个引导者可以来自项目外部，也可以来自项目内部。

第二，复盘过程需要一些深度讨论，所以最好能够保证时间充裕，通常来讲所需时间会根据项目大小、持续的周期及参与的人数来决定。一般来讲，10人以内的团队，建议进行1~2天的充分讨论较为合适。

第三，总结并记录经验。这不仅能帮助团队的人在将来需要的时候能够及时找到这些经验，也能帮助项目外部的人学习借鉴这个项目的经验，使项目的经验让更多的人受益。

如果我们总是能够把"昨天"的足迹当作"今天"的垫脚石，那么我们"今天"就能站在了一个更高的起点，"明天"我们将达到一个更高的高度。

第六章

Strategy 学习策略

第一节　一个游戏背后的学习原理

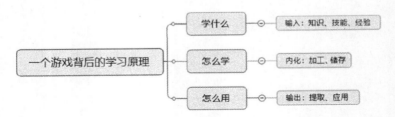

前面 5 章分享了人才培养项目从破题、设计、运营，到最后复盘的整个过程。在整个过程中零散地分享了项目背后所涉及的成人学习策略，接下来我们系统地解析一下成人的学习策略。

一、你能快速记住 12 星座吗

我们先来做一个游戏，这个游戏叫作"12 星座"。

你知道自己是什么星座吗？

你能把 12 个星座按照它固有的顺序，从头到尾一个不落地复述出来吗？我可以提示一下，第一个星座不是摩羯座，而是白羊座。从我们以往的现场数据来看，98%以上的人是做不到的。

下面我整理了有顺序的 12 星座，在只看一遍的情况下，看看你是不是可以把 12 个星座全部记住。12 星座从头到尾的顺序分别为白羊座、金牛座、双子座、巨蟹座、狮子座、处女座、天秤座、天蝎座、射手座、摩羯座、水瓶座，最后一个是双鱼座。你记住了吗？从我们以往统计的数据看，应该有 98%的人仍然是没有记住的。

从学习的角度来说，这就相当于一次学习。对于 12 星座，为什么绝大部分的同学都没有记住？原因是什么？12 星座就像 12 个知识点，想在短时间内记住、会用，甚至精通这些知识点，或者对它们有自己的洞察与见解，是不太可能的。

有没有办法可以让大家快速地记住 12 星座，而且从此以后都很难忘掉呢？我们换一种方式试试。

12 星座本身是有顺序的，所以我们可以选择有顺序的 12 个熟悉的事物，通过与星座的配对联想来记忆，就会记得又快又牢。这 12 个事物可以是你所熟悉的任何事物，甚至越个性，对你越有意义，就越容易记住。但是考虑到每一位读者的共性，我们需要找一个大家都熟知的事物。我们不妨选择身体的 12 个部位来练习，这样大家都能理解，12 星座与身体部位的对应如图 6-1 所示。选择的 12 个部位，从上往下依次为头发、眼睛、耳垂、嘴巴、脖子、双肩、胸膛、肚子、大腿、膝盖、小腿，最后一个是双脚。我们选择的这 12 个部位本身是有顺序的，当然也可以是其他部位。接下来我们做身体部位与星座的联想链接。

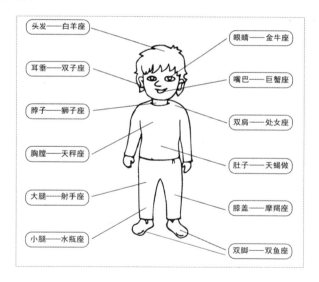

图 6-1　12 星座与身体部位的对应

第一个星座是白羊座，链接的部位是头发。怎么链接呢？头发是毛发，赵本山和宋丹丹有个小品《昨天今天明天》，其中有个台词叫薅羊毛，我们将头发与羊毛发生链接，摸到头发的时候就可以想到白羊座。当然也有学员给我们反馈说，他不会想到羊毛，他会想到头上有犄角，然后联想到白羊座，其实这也是可以的。头发对应白羊座，如图 6-2 所示。

图 6-2　头发对应白羊座

第二个星座是金牛座，链接的部位是眼睛。我们常说一个人眼大如牛眼，所以当我们想到第二个部位眼睛的时候，可以联想到金牛座。眼镜对应金牛座，如图 6-3 所示。

图 6-3　眼睛对应金牛座

第三个星座是双子座，链接的部位是双耳的耳垂。摸到两个耳垂我们可以联想到双子座。耳垂对应双子座，如图 6-4 所示。有学员反馈说也可以联想到鼻孔，鼻孔也是两个。当然这也可以，因为每个人的思维习惯是不一样的。

图 6-4　耳垂对应双子座

第四个星座是巨蟹座，链接的部位是嘴巴。嘴巴对应巨蟹座，如图 6-5 所示。这个怎么联想呢？你可以想象吃了一只巨大的螃蟹，所以看见嘴巴就可以联想到巨蟹座。

图 6-5　嘴巴对应巨蟹座

第五个星座是狮子座，链接的部位是脖子。草原上的狮子在捕食猎物的时候，要想将猎物一口毙命，它会咬住猎物的脖子。所以我们摸到脖子的时候，可以联想到狮子座。脖子对应狮子座，如图 6-6 所示。

图 6-6　脖子对应狮子座

　　第六个星座是处女座，可以联想到双肩。处女座的人都有一个特点，就是有洁癖。所以你可以设想这样一个场景，当一个人身穿黑色西装的时候，如果黑色西装肩部有头皮屑，处女座的人就会很抓狂。所以可以通过这种方式，将双肩和处女座链接起来。双肩对应处女座，如图 6-7 所示。

图 6-7　双肩对应处女座

　　第七个星座是天秤座，联想的部位是胸膛。拍着胸膛说话的时候代表心里自有公平，所以我们摸到胸膛的时候可以想到天秤座。当然，也可以是另外一种联想：如果你向两侧打开双手，其实这个时候人的形体特别像一个天平，这样也可以联想到天秤座。胸膛对应天秤座，如图 6-8 所示。

图 6-8　胸膛对应天秤座

第八个星座是天蝎座，链接的部位是肚子。可以这样联想，前面我们说嘴巴吃了一只巨大的螃蟹，那么当这只螃蟹吃到肚子里的时候，它就得道升天了，变成了天蝎座（利用蟹和蝎的谐音）。肚子对应天蝎座，如图6-9所示。

图 6-9　肚子对应天蝎座

第九个星座是射手座，联想的部位是大腿。我们常说弯弓射大雕，所以联想当射箭时如果是弓步会更有力量。所以当你感受到大腿肌肉力量的时候，就可以联想到射手座。大腿对应射手座，如图6-10所示。

图 6-10　大腿对应射手座

　　第十个星座是摩羯座，联想的部位是膝盖。摸膝盖，有点类似摩羯的谐音。膝盖对应摩羯座，如图 6-11 所示。当你摸膝盖的时候就可以联想到摩羯座。

图 6-11　膝盖对应摩羯座

　　第十一个星座是水瓶座，联想到的是哪个部位呢？是人的小腿。人的小腿形状特别像一个倒置的花瓶，所以摸到小腿就可以联想到水瓶座。小腿对应水瓶座，如图 6-12 所示。

图 6-12　小腿对应水瓶座

最后一个星座是双鱼座，联想的部位是双脚。俗话说脚踩两只船，船下两条鱼，所以看到双脚就可以联想到双鱼座。双腿对应双鱼座，如图 6-13 所示。

图 6-13　双脚对应双鱼座

我们把选择的 12 个部位和对应星座的关联整理如下：

No.1 头发——白羊座；

No.2 眼睛——金牛座；

No.3 耳垂——双子座；

No.4 嘴巴——巨蟹座；

No.5 脖子——狮子座；

No.6 双肩——处女座；

No.7 胸膛——天秤座；

No.8 肚子——天蝎座；

No.9 大腿——射手座；

No.10 膝盖——摩羯座；

No.11 小腿——水瓶座；

No.12 双脚——双鱼座。

你可以适当地回看一下以上的信息，然后合上书，试试看这次是否能基本记住 12 星座了？从我们做这个游戏的无数次的现场数据来看，经过上述方法，95%以上的人都能够按照顺序记住 12 星座。

二、学习的基本原理

一开始，我们为大家罗列了 12 星座，但很少有人能记住，而当我们换一种方式教大家记忆的时候，绝大部分人都能够记住，而且顺序基本不差。为什么？

下面我们尝试从学习理论的角度进行分析，帮助大家理解什么是学习以及学习的关键所在，并且找到高效学习的法门。如果我们给刚才的学习过程建立一个模型，该模型从左到右包含 3 个环节，第一个环节是输入，第二个环节是内化，第三个环节是输出，如图 6-14 所示。

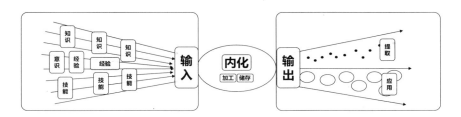

图 6-14　学习的过程

当我们把 12 星座当作 12 个知识点第一次呈现的时候，大家完成了第一个环节"输入"，都知道了 12 星座及其顺序，然后我就要求大家进行第三个环节"输出"——复述。从大数据的结果来看，大家的整体成绩很不理想，绝大部分人都不能快速准确复述。而当第二次教大家的时候，其实我不但给大家做了"输入"，还告诉大家怎么去联想。从理论模型的角度来说，我还帮助大家做了"内化"，再让大家去做"输出"，结果就发生了质的飞跃，绝大部分人都可以快速准确复述了。

由此我们可以看到，从"绝大部分人都不能快速准确复述"到"绝大部分人都可以快速准确复述"，两者之间的根本差异就是中间的"内化"环节。第一次，我仅仅给大家做了"输入"，同时绝大部分人没有意识去做"内化"，结果"输出"的成绩很不理想。第二次，我帮助大家把"输入"和"内化"两个环节都做了，所以"输出"的成绩很好，而这恰恰就是学习的关键所在。

学习有三个环节。第一个是学什么，即输入；第二个是怎么学，即内化；第三个是怎么用，即有效提取。从理论上来说，学习这三个环节都很重要，但是在现实中绝大部分人都只是聚焦在第一个环节"输入"。我们读了很多书，听了很多课程和讲座，参加了很多社会实践，这些实际上都是在做"输入"。我们常常忽略了第二个环节"内化"，没有有意识地去做个人知识整理，这就导致第三个环节"输出"的效果很不理想。结果就是我们学了，但是根本没有学会。

学习是指通过阅读、听讲、思考、研究、实践等途径获得知识或技能的过程。这里的学习是指广义的学习，无论是学一门专业如财务管理，学一项技能如商务演讲、沟通技巧或制作述职报告，还是培养一种思维如互联网迭代思维等，其本质都是一样的。

在现实中，我们都过度关注"输入"，而忽略了第二个环节"内化"，从而导致我们的输出结果差异很大。站在企业的角度就体现为每个人的成长速度不一样，发展情况便会有很大差异。其实这个背后都是学习方法的问题，站在企业的角度就是工作方法的问题。

一句话总结：学习不是一个点，而是一条线，包括输入—内化—输出。要想高效学习、快速成长，不但要关注点，更要关注线。

如今互联网高速发展，以及即将更为蓬勃的明天，这个社会完全不缺"输入"的资源，无论是喜马拉雅、得到、混沌大学，还是网易公开课及无数的在线学习平台，"输入"的资源随手可得，而且成本很低。但是对于绝大多数人来说，缺少的恰恰是"内化"环节，既缺少"内化"的意识，又缺少"内化"的方法，从而导致"输出"效果较差。这不仅关乎考试成绩，更关乎个人成长、组织发展及社会进步。

第二节　人才培养的底层逻辑

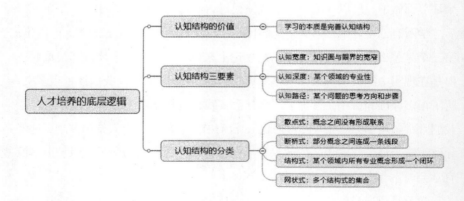

一、认知结构的价值

这些年我们做了大量中高层管理者及其后备人才的培养，发现了一个有趣的共性现象。从人才培养项目设计的角度来说，培养人才，首先需要明确人才培养的目标以及目前的人才能力现状，然后才能明确培训需求，用一个公式表示：

$$目标 - 现状 = 需求$$

为了明确人才培养目标、现状与需求，其中一个重要的环节就是进行访谈调研。通过对学员上级及企业高管的调研明确人才培养目标，并了解学员的基本情况，通过对学员本人的访谈了解学员的现状。在对企业高管的访谈中，我们都会问一个类似的问题：您认为中高层管理者目前最欠缺的是哪方面的能力？绝大部分企业高管也都会有一个类似的答案：他们最欠缺的是看问题的格局与高度，即在工作中不能够从更高的高度、更大的格局来思考和处理问题。通过对学员的访谈，我们也进一步旁证了企业高管的洞察与需求：中高层管理者在思考和处理问题时，更多的是基于岗位与部门现状，而缺乏作为一个中高层管理者所应具备的格局、担当和决断。

那么由此带来一个很有挑战的问题：如何培养一个人的格局？

如果我们期望高效学习、快速成长，加速人才培养，首先需要搞清楚一个最基本的问题：学习的本质是什么？基于对于学习的研究，我们认为：**学习的本质是完善认知结构**。人与人之间最大的差异是认知结构的差异。

认知结构是指人关于现实世界的内在编码系统，是一系列相互关联的、非具体性的类目，它是人用以感知、加工外界信息以及进行推理活动的参照框架。认知结构，简单来说，就是人头脑中的全部观念内容和知识信息，以及知识之间的链接关系所形成的结构形态。

二、认知结构三要素

认知结构包括 3 个要素：认知宽度、认知深度与认知路径。

回到开始的那个具体问题：如何培养一个人的格局？首先要理解到底什么是格局。"格局"一词最早出现在宋朝，出自蔡绦《铁围山丛谈》卷三中的"而后操术者人人争谈格局之高，推富贵之由，徒足发贤者之一笑耳"。我们查阅了大量的资料典籍，均没有找到一个标准的定义。

我们可以站在企业对于能力需求的视角来解读格局的含义。格局更多的是与一个人的认知高度有关。就好像我们站在不同楼层，不仅会看见不一样的风景，还会看见不同的问题，得出不同的结论和见解。

格局的差异，其实也是认知结构差异的一个体现。下面借用格局的差异来阐释认知结构的概念，我们将从认知宽度、认知深度与认知路径 3 个方面展开。

（一）认知宽度

认知宽度，即认知边界的大小，也可以通俗地理解为知识面与眼界的宽窄（见图 6-15）。

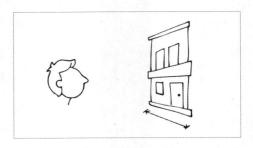

图 6-15 认知宽度

还是以楼层为例来说明。首先站在不同楼层看见的风景肯定有差异，正常情况下高楼层能够拥有更宽阔的视野，因此不同楼层之间因为视野不同便会带来信息量的差异。从企业不同层级来说，高层相对来说拥有更多的信息，能够做出更全面的分析和判断。所以，影响格局的第一因素是其所拥有的信息量。

不同的楼层对于视野的局限是刚性的。但是在企业中，认知宽度其实不完全取决于你的层级，而取决于你学习的积累所导致的知识面的宽度。当你被提拔至更高层级时，因为主动或被动的原因，你获得了更多信息，相对低职位来说，你的格局会有所提升。如今信息高速发展，即便不在高层级，同样有机会获得原本只有高层级才能获得的信息。所以，在信息时代，虽然层级对于格局有一定影响，但这种影响不是刚性的。

从企业的角度来看认知宽度对格局的影响。假设一名人力资源从业者负责培训工作，如果他只是关注人力资源领域的工作，甚至只是关注培训本身，那么他的认知格局一定不会很高。对于业务的了解、对于企业战略的理解，与职位本身没有因果关系，而与个体本身的意识和勤奋有关。如果他能跳出培训的局限，站在人力资源的角度，同时对于业务和财务都有所了解，甚至能够站在企业战略的高度来看待培训工作，那么他对于培训的认知格局一定是很高的。

这是认知宽度对于格局的影响，也是对于认知结构影响的第一种表现。

（二）认知深度

认知深度，即在某个领域认知的系统性，也可以通俗地理解为某个领域的专业性（见图 6-16）。

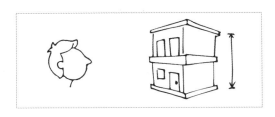

图 6-16　认知深度

同样以楼层为例来说明。即使站在同一个楼层，对于远方模糊的轮廓也会有不同的判断。有些人能够一眼认出远方的建筑是哪栋大楼，远方的山脉是哪座大山；而有些人则很难做出判断。如果具有同样的视野与清晰度，那么造成这种差异的根源在于我们对于判断对象的熟悉度：对于非常熟悉的建筑或山脉，只是看其轮廓，我们基本就能对其做出判断；对于不太熟悉的事物，则很难做出判断。

认知深度在企业人才能力中则为专业的系统性，即对于某个专业领域的系统性认知水平。例如，有人是新手，有人是老手，有人是专家，他们的主要差异在于专业领域的水平。站在企业人才培养的角度，同样层级面对同一个问题还是会有不同的洞察和结论，其中一个主要原因是认知深度的不同。

从企业的角度来看认知深度对格局的影响。同样是项目管理者，无论是应届毕业生，还是有过基本项目管理经验的人员，抑或是经验丰富的人员，在项目立项阶段对于项目风险预判及应对策略的制定都会有所不同，这就体现了一个人对于项目管理的认知格局。这里的格局因素主要是指在项目管理这个专业领域的经验程度，即在这个领域的专业性。

这是认知深度对于格局的影响，也是对于认知结构影响的第二种表现。

（三）认知路径

认知路径，即对于某个问题的思考路径，也可以通俗地理解为某个问题的思考方向和步骤（见图6-17）。

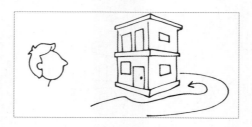

图6-17　认知路径

仍以楼层为例来做说明。我们可以设想这么一种场景，我们到了一栋陌生的大楼内，大楼内的布局很不规则，容易让人迷失方向。这时如果需要快速判断方向，你会怎么办？有人会用手机里的指南针定位方向，有人会跑到窗边通过太阳的位置来确定方向，有人会跑到窗边通过观察窗外其他建筑与身处建筑的相对位置来确定方向。不同的人会有不同的行为反应，这是认知路径的差异。认知路径以认知宽度与认知深度为基础，体现了每一个人做出判断和反应的方向与前后逻辑顺序。

在陌生大楼内快速确定方向是一个问题，而解决这个问题的方法，是我们认知路径的体现。如果你天天玩儿手机或经常徒步使用手机里的指南针，你便会习惯性地通过手机寻求解决问题的办法。如果附近的建筑你很熟悉，你便很容易通过窗外建筑与身处建筑的相对位置来确定方向。如果你不常用手机里的指南针，且对外面的建筑不熟悉，但是那天你留意到外面阳光明媚，你便很有可能通过室外太阳的位置来确定方向。我们不同的行为反应，是由我们认知路径的差异性导致的，而认知路径的差异性是以认知宽度与认知深度为前提的。就像我们会采取的行动，取决于我们所熟悉的事物以及我们的习惯，我们的习惯本身是已经固化的认知路径。

从应用的角度考虑，决定一个人解决问题的能力主要取决于他的认知结构，包括认知宽度、认知深度与认知路径。学习的本质是完善一个人的认知结构，包括他的认知宽度、认知深度与认知路径。认知结构如图 6-18 所示。

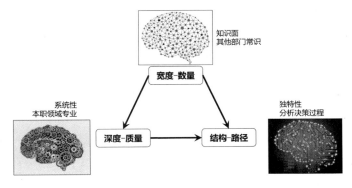

图 6-18　认知结构

三、认知结构的分类

基于认知结构的差异性（认知宽度、认知深度、认知路径），我们把认知结构分为 4 个层次：散点式、断桥式、结构式、网状式，如图 6-19 所示。

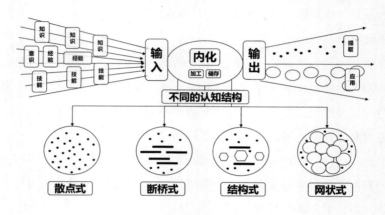

图 6-19　认知结构的 4 个层次

（一）散点式

散点式：概念之间没有形成联系，即知识点在头脑里只是一些散点，知道一些概念，但是对于概念之间的关系没有形成联系。

拿"12 星座"游戏来说明。很多人在做这个游戏之前，可能知道自己是什么星座，对于其他一些星座也听说过，但是并不知道 12 星座的顺序。那么，在他的头脑里 12 星座是一个散点式结构，如图 6-20 所示。

以人力资源管理为例说明。对于初入培训圈的人来说，很多人只是对于培训的相关工作有所了解，包括如何做培训需求调研、如何组织培训等，但是对于人力资源管理的其他工作就不太理解，如人力资源规划、招聘与配置、绩效管理、薪酬福利管理、员工关系管理等，更不理解培训部门与其他部门之间的关系。那么人力资源管理的相关知识点在他的认知结构中，就是一些散点，只知道有培训这样一个部门，但是不太了解人力资源管理其他相关部门的具体工作，更不了解部门之间的协作关系。此时，人力资源这个领域在他的头脑里是一个散点式的认知结构，如图 6-21 所示。

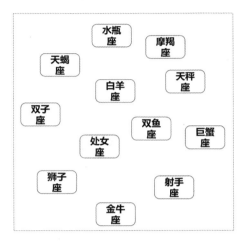

图 6-20　12 个星座的散点式的认知结构

图 6-21　人力资源领域的散点式的认知结构

（二）断桥式

断桥式：部分概念之间连成一条条线段，即知识点在头脑里能够连成线，部分概念之间是有关联的。断桥即有头有尾。

拿"12 星座"游戏来说明。如果你不但知道自己的星座，还知道上一个星座和下一个星座，则关于星座在你的头脑里面就成了一条线段，那么，在你的头脑里 12 星座是一个断桥式的认知结构，如图 6-22 所示。

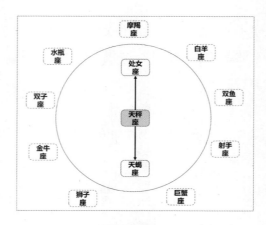

图 6-22   12 星座的断桥式的认知结构

再以人力资源管理为例。如果你不但了解培训部门的相关工作，还了解与培训部门密切相关的其他部门的工作，如招聘与配置部门。如果你对招聘与配置部门有所了解，并且知道招聘与培训有直接的协作关系，理解招聘的重点与培训的重点之间的差异性与协作性。但是对于除此之外的其他部门并不是全部理解，则人力资源管理这个领域在你的认知结构中是一个断桥式的认知结构，如图 6-23 所示。

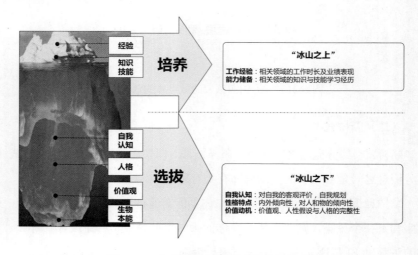

图 6-23   人力资源的断桥式的认知结构

（三）结构式

结构式：某个领域内所有专业概念形成一个闭环，即知识点在头脑里形成了一个闭环关系，说明了某个领域内所有专业及概念之间的逻辑关系。

拿"12 星座"游戏来说明。如果你不但知道自己的星座，还知道所有的星座，并且知道正确的顺序，甚至倒背如流，那么 12 星座在你的头脑里便形成了一个闭环。更进一步，如果你不但对于 12 星座倒背如流，还能说出每个星座的特质，则 12 星座在你的头脑里便形成了一个结构式的认知结构，如图 6-24 所示。

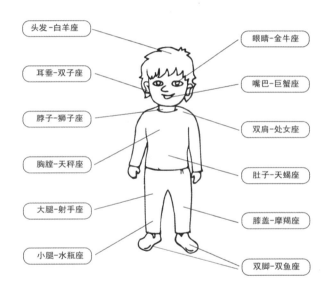

图 6-24　12 星座形成的结构式的认知结构

同样以人力资源管理为例。如果你不但熟悉培训部门的本职工作，对于人力资源管理的其他五大模块也非常了解，并且理解人力资源管理各个模块之间的工作与价值定位，则人力资源管理领域在你的头脑里即为结构式的认知结构，如图 6-25 所示。

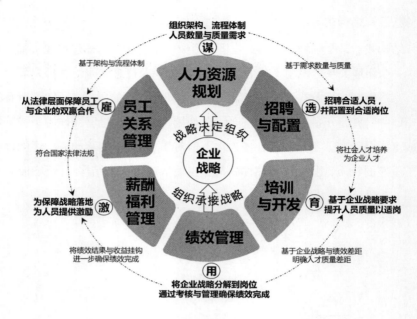

图 6-25　人力资源领域的结构式的认知结构

（四）网状式

网状式：多个结构式的集合，即知识点在头脑中不但形成了一个专业的闭环，更与其他相关领域形成了多个闭环。

拿"12 星座"游戏来说明。12 星座本身是很多人用来做人的行为及性格特质分类的一个流派，便于我们对人群做分类认知，更快捷地把握一个人的性格特点。它是民间比较流行和接受的一种方式。而对人的行为及性格特质进行分类认知还有许许多多的方式和工具，如 PDP、DISC、性格色彩学、性格气质学说，以及中国人所讲的五行、生辰八字等，在某些时候也是进行分类的方式。如果你不但了解 12 星座，对其他相关的流派、学说也有研究，并且知道它们之间的差异和相通性，则 12 星座对于你就是一个网状式的认知结构。

仍以人力资源管理为例。你不但了解人力资源管理的六大模块，甚至深入学习过企业战略、市场营销、财务管理等企业管理的各个模块，并且理解各个模块之间的关联性,则人力资源管理在你的头脑里是一个网状式的认知结构。

不同人在不同领域的认知结构具有差异性。在人力资源领域,你达到了很高的认知水平,即网状式的认知结构,但是在生产管理领域可能只处于一般性的认知,即断桥式的认知结构,而在金融领域也许还处于一些概念性的认知,仅为散点式的认知结构。

从管理层级来看,基于全社会的大数据,如果以企业管理作为最大的外环,那么中基层员工绝大多数人的认知结构是散点式和断桥式的,即只能理解自己部门的工作,至多能够对有密切协作关系的相关部门有所了解,这是认知结构的局限性。通俗点说,只能看见眼前的事儿,而没有更远的视野。

高层管理者,基本上能够达到结构式的认知结构,即对于所负责的业务板块,能够从整个业务链的角度有所认知。高层在分析和解决问题的时候,能够从更宽的视角来考虑问题,从而表现出更大的格局。结构式,也可以理解为系统性。何谓系统?有一个形象的比喻。系统为一个圆,圆的特点是从任何一个点出发,都能够绕回到原点。其实也就是指我们能够把相关领域的所有内容融会贯通,这些内容形成了一个闭环,即结构式。

公司的董事长或 CEO,绝大多数都能够具备网状式的认知结构,对于企业的研产供销服各个环节都有所了解。他们在决策时不但能够基于企业内部需求,更能基于市场环境和竞争格局,做出系统分析和科学决策。所以,我们经常看到 CEO 跨领域甚至跨行业任职。而对于中基层管理者,我们更多看到的是他们在同行业换工作而很少跨行业跳槽。从工作适应性来说,认知结构决定了我们工作能力的适应范围。

高层级认知结构与低层级认知结构具有差异性,不同人的认知结构不同,也许可以用两张图来解释(见图 6-26)。

认知结构有 3 个要素:认知宽度、认知深度、认知路径。从能力的角度来看,其差异性体现为认知宽度、认知深度与认知路径的差异性导致的整体结构的差异性。

学习与成长的本质是完善认知结构，人与人之间最大的能力差异体现为认知结构的差异。认知结构具有 4 个层次，从下往上依次是散点式、断桥式、结构式、网状式，学习的目的是将认知结构不断升级。

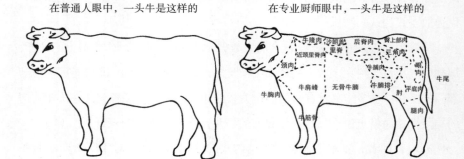

图 6-26　不同人的认知结构不同

第三节　不同内容的学习策略

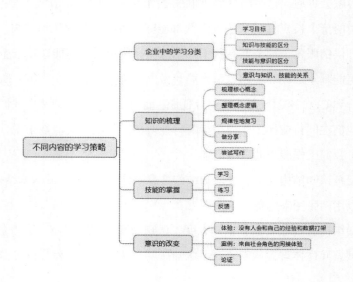

布卢姆等人于 1956 年主编出版的《教育目标分类学，教育目的分类法，手册 I：认知领域》，被翻译成了几十种文字，为全世界测验设计和课程开发提供了基础理论，2009 年被翻译成中文在国内出版。

这本书的核心价值在于将学习内容及学习目标进行了分类，让教育从业者有章可循。其核心内容可以用原书中的一张表来概括（见表 6-1）。

表 6-1　布卢姆的教育目标分类

知识维度	认知程度					
	记忆	理解	运用	分析	评价	创造
事实性知识						
概念性知识						
程序性知识						
元认知知识						

其一，布卢姆将所有要学习的内容分成了四大类，包括事实性知识、概念性知识、程序性知识、元认知知识。具体每一种分类是什么意思，此书不做赘述，有兴趣的读者可以自行研究。

其二，布卢姆将所有学习内容的学习目标确定为 6 个层级，包括记忆、理解、运用、分析、评价、创造。具体每个层级的含义，我们也不做解释，有兴趣的读者可以自己研究。

为什么要做知识分类？有以下 3 个原因。

影响学习效果。不同的学习内容，其学习目标是不一样的，其最佳的学习策略不同，最佳的教学策略也不同。做教学目标的分类，最终是为了提升学习的效率。

降低信息衰减。内容的细化，有助于降低学习内容传递过程中的信息衰减。首先，让讲师更明确教学目标，到底要给学员讲什么，学员离开课堂的时候，你期望他带走什么、学会什么；其次，在为学员讲解的过程中，不容易因为外在环境或个人状态的影响，导致最初的教学目标内容发生衰减；最后，在课程内化或转训过程中，不至于因为讲师的变化，导致课程内容的被动变化，从而造成课程内容的信息衰减或偏离。

便于评估与评价。对于培训组织者来说，只有明确课程想要解决什么问题、传递什么信息，才能有效评估培训项目的效果。在现实中，如果没有明确的目标，评估也无从谈起。

布卢姆的教育目标分类，比较适合在校教育的专业人士，对于企业中的成人来说，不好理解，也不易操作。一方面，从学习内容来说，划分得很细，也很专业，但不够通俗易懂；另一方面，从学习目标来说，6个划分层级其实很难区分，如"应用"、"分析"和"评价"如何严格区分？也许名词上很好理解，但是在实际设定培训目标时，很难量化评估。例如，对于沟通技巧，应该是学会应用，还是达到分析层级？怎么区分？

一、企业中的学习分类

基于企业中的应用场景，我们把所有成人学习的内容分为三类：知识（Knowledge）、技能（Skill）和意识（Attitude）（见图6-27）。相对于教育学中的四类分法，KSA的划分更简单，同时KSA的分类法已经被社会所接受，更易理解。对于这种分类法，我们没有找到该分类法的起源，猜测可能借鉴了布卢姆的教育分类法，而后在企业实际应用中约定俗成的一种分类法。

图6-27　知识、技能、意识的分类图

3 个分类名词的简单解释如下。

知识，包括常识、信息、规章制度等，如交规中的"红灯停，绿灯行"、企业的管理制度、产品的价格政策、企业的发展历史等。

技能，包括人际技能如沟通技巧，操作技能如 PPT 制作，管理技能如激励、辅导、授权等。

意识，包括心态、态度等，如团队意识、客户服务意识、成本意识、数据意识等。

"Attitude"为什么不翻译为"态度"，而是"意识"？这是从实际使用的角度考虑的。在汉语习惯中，一般意义上所说的"态度"，偏向于职业操守、道德伦理方面，如态度要积极，要大公无私等。而习惯用语中的"意识"，偏向于做某件事情的一个惯性习惯，也就是不加思考的行为。例如，我们常常期望某个人或团队，要具有成本意识、时间意识、服务意识、团队协作意识等，此处的"意识"是指在做任何事情的时候，都要紧绷在脑子里的那根弦儿，而与道德操守关系不大。从日常的培训内容来说，我们更多的需求是培养其意识，而非道德操守，所以译为"意识"。

（一）学习目标

从学习目标来说，知识、技能、意识的目标具有很大差异。

对于知识来说，以记忆为目标，以能够准确、按时复述为评价标准。例如，企业的产品价格政策，有人问起，你知道且说出来即为记住了。

对于技能来说，以会做、灵活运用为标准，以知道为前提。学过沟通技巧，不代表善于沟通。学过，只说明你知道了，也许记住了，只是达到了"知识"层面的学习标准。如果不"会做"，那么说明技能还没有掌握。

对于意识来说，以养成相应的思维模式为目标，最后形成一种不加思考的、下意识的行为习惯。这需要把一种心态、一种精神、一种潜意识，深深地烙印在心中，以某种意识所需具备的相应知识与技能为基础。

（二）知识与技能的区分

在学习内容的划分中，最不好区分的是知识和技能。清晰地了解学习目标，有助于辨识学习内容是属于知识范畴还是技能范畴，即学习内容是需要学员知道的，还是需要根据实际情况灵活运用的。同时，知识与技能在某些领域内并没有明显界限。从教育测量与评估的角度来看，如果学员能够复述，我们就认为其已记住了该知识；如果学员会操作，则判定他掌握了该技能。例如，如果学员能复述"键盘中同时按住 Ctrl+c 是复制，Ctrl+v 是粘贴"，则认为他记住了该知识；如果他能够演示一遍，则认为他掌握了该技能。那么从学习分类来说，"键盘中同时按住 Ctrl+c 是复制，Ctrl+v 是粘贴"是属于知识还是技能呢？其实均可，视学习目标而定。为了考试，则视为知识；为了操作，则视为技能。当然，技能是以知识为前提的。所以，会存在我们常说的应届毕业生"高分低能"的现象，因为从教育目标的角度，知识与技能是有本质差异的。在校学习的内容更多属于知识，用考试分数来检查，而企业所需要的是技能和意识，用业绩结果来衡量。

（三）技能与意识的区分

从名词解释来说，技能和意识比较好区分，但是在实际应用时，要想区分它们同样存在挑战，因为两者之间的学习目标是可以人为定义的。例如，对于导购员的销售技能培训，从学习内容分类来说，销售技能在通常情况下应该属于"技能"，即销售技能的培训目标是以"会做"为标准的。对于老导购员来说，销售技能培训一般情况下不是一个"技能"课，而是一堂"意识"课。因为对老导购员来说，他们的经验十分丰富，从他们踏进教室的那一刻开始，他们便以审视的眼光看待你的培训：你真的比他们更懂市场吗？你真的比他们更懂本地顾客吗？你真的比他们更了解公司的政策和产品吗？你真的比他们更知道如何销售吗？你所教授的方法对他们真的适用吗？如果你不能突破他们的认知，撬开他们的意识大门，那么一天的课不论是对于讲师还是对于学员都是浪费，因为他们根本没有听进去，也根本不会认可你。所以，对于老导购员来说，销售技能培训首先是一门"意识"课，只有他们认可你了，才会有后面的"技能"课。当然，意识需要以技能为前提，这是需要设计的地方。同样，对于新导购员来说，半天的培训基本上不太可能达到"会做"的要求，所以对于他们来说，销售技能培训是一门"知识"课，需要他们达到"知道"的要求即可。

（四）意识与知识、技能的关系

我们都很羡慕财务的成本意识、销售的客户意识、高层管理者的宏大格局，那是因为这些都是他们的本职工作，他们已经具备了相应的基本知识和技能，经过长年累月的工作积累，进而培养了相应的工作习惯与思维模式，也就形成了相应的意识。

知识、技能、意识三者之间是一个递进关系。通常来说，技能是以一定的知识为前提的，所以考驾照需要先考理论知识，再考实际道路驾驶。同样，意识需要以一定的知识和技能为前提，否则意识无从谈起。例如，你期望某人具有数据意识，那么他需要对数据的知识及分析方法有基本的了解与掌握，否则要么数据意识无从谈起，要么他所形成的数据意识的强度很低。

二、知识的梳理

从知识的学习目标来说，记住是目标。要实现这个目标，就需要对知识结构进行梳理。

（一）为什么要做知识结构梳理

其一，知识结构梳理可以让学员对知识点理解得更系统，记忆得更牢固。例如，如何快速了解一个新业务？我们曾为此开发了一门新课程"非业务人员的业务课"，此处的"业务"是一个相对广义的业务，不仅仅指营销或销售部门。业务部门是相对于支持部门所下的定义，在为用户创造价值的过程中，直接服务于资源到产品及服务转换的业务链条的模块，均属于业务部门，包括研发、生产、供应链、销售、客服等。那么到底应该怎样了解不熟悉的业务部门呢？例如，人力资源部如何了解研发部、上游工厂、下游营销？如果期望了解其业务以更好地协同工作，那么涉及的内容非常多，包括组织、绩效、流程等。

如果我们开发了一个课程并告诉大家，要想了解一个业务，需要了解18个方面，那么估计很多人会直接放弃这个想法，课后几乎也很少有人记得。为此我们梳理了一个"非业务"的"业务模式画布"，如图 6-28 所示。一张图，让你快速、准确地了解一个陌生业务。

图 6-28　"业务模式画布"

其二，知识结构梳理可以查漏补缺。知识结构有 4 个层次：散点式、断桥式、结构式和网状式。在我们接触到的各行各业的企业员工中，大部分人头脑里的知识点，是散点式或者断桥式的，是不成结构或不成体系的。但是当把某个知识点做一个梳理之后，就会特别容易发现自己哪方面薄弱，也就知道自己要学什么。回到学习的两个命题：第一个是学什么，第二个是怎么学。所以在"怎么学"这个阶段，如果我们能有效地做到结构化梳理，就非常有助于明确第一个命题。如果不做梳理，就会很难发现自我认知的缺陷。这也是为什么说，如果一个人知道自己需要什么，那么这个人的自我认知水平就会很高。

其三，知识结构梳理可以带来内驱力。什么叫内驱力？自我驱动的能力。内驱力其实是所有工作及学习的前提。人都有趋于完美的心理，通过知识结构梳理，当发现在整个认知结构里缺少了某一块时，本能地我们会强迫自己把这个地方补齐。这种本能自发地促使自己学习自身还缺少的东西，由此形成内驱力。

（二）如何做知识结构梳理

我们以学好一门新专业的场景为例来做分析。

第一步：梳理核心概念。 任何一门成熟的专业，都有其理论体系，否则就不太可能成为一门专业。所以，要想学好一门专业，首先要掌握其理论体系，而体系是由核心概念组成的，所以任何一门专业都有核心概念，这是学好一门专业的基础。例如，统计学有它的核心概念：总体、样本、变量、抽样、方差、正态分布、肯德尔系数、T 检验等。组织行为学也有它的核心概念：科学管理理论、群体动力学、马斯洛需求层次理论、非正式群体、权变理论等。无论是一节课，还是一个章节，还是一本书，或者是一门专业，都有其核心概念。核心概念的梳理可以从每天的学习做起，所以认真听课和做笔记是必要的。

第二步：整理概念逻辑。 当梳理了多个核心概念之后，就要尝试去梳理这些概念之间的逻辑关系。一门专业，一定程度上就是由无数核心概念组成的。对于一门成熟的专业，这些概念之间都是相互关联的。只有当我们把这些概念都串起来以后，我们对于这个专业的学习才能达到一定的深度，也更便于我们记忆。就像"12 星座游戏"一样，当把这些知识点串起来之后，你首先会记忆得更快、更准确，其次会理解得更深刻。这个工作做得越早做越好，学完一个章节就可以做一次梳理，学到第二个及以后的章节，就可以尝试把前面学过的所有内容都串起来，这样会学得更好。大家可以借助一个叫思维导图的工具来学习。它的专业软件叫 MindManager。另外，百度脑图也具有类似的功能，还有很多其他类似的工具可用。我曾将发展心理学的核心概念用一个叫 Visio 的工具整理成了一张完整的知识结构图，发给了发展心理学讲师，并且喷绘成了一张 1.7m×1.3m 的 KT 板。后来，这个 KT 板成了这位讲师教授所有其他班级的课程全局图，同时这也让我对于发展心理学这门课有了系统而深入的理解。

第三步：规律性复习。根据"艾宾浩斯遗忘曲线"，我们会在学习后的 20 分钟内遗忘掉刚刚学习的将近 50%的内容，1 个小时之内将遗忘一多半，一天之后还能记得三分之一就算不错了，一周之后将仅能记住四分之一的内容，一个月之后如果还记得 20%将会是值得高兴的事儿。这是大脑本身的工作机制，和其他因素基本上没有关系。所以，如果我们想要成为学霸，必要的复习是必需的，尤其是科学的、规律性复习。所有的学习，如果没有基本的时间保障又要有好的结果，就只能依靠天赋。

第四步：做分享。讲师去给别人讲。当你逼迫自己去给别人做分享、做培训的时候，你就会逼着自己一定要把这个事儿研究透了。因为你担心如果讲得不好就会而被别人质疑。如果你想在某个领域做得更好，有机会的话一定要去分享，尝试去做讲师。当你这样去做的时候，就会促使你系统地梳理这个领域的知识结构。

第五步：尝试写作。当你用文字把头脑中的重点内容整理出来的时候，你对于这个领域的认知结构会更完善、更系统，因为文字表达比言语表达的逻辑性要求更加严密。

如果要学习的内容属于知识类，比较好的方式就是画知识结构图，可以借用思维导图等工具。如果期望更进一步，那么可以将知识梳理细化为 5 个步骤：梳理核心概念，整理概念逻辑，规律性复习，做分享，尝试写作。

三、技能的掌握

我们常说应届毕业生是"高分低能"。为什么是"高分低能"呢？因为从教育目标的角度来看，学校和企业两者有本质的差异。在校学习的内容更多属于知识，可以用考试分数来检查。站在学校的角度，"好"的标准是，考试过关，成绩优秀。这个标准只是知识层面的标准。站在企业的角度，更需要关注技能与意识层面，需要用业绩结果来衡量。考试成绩只意味着"知道"，并不保证"做到"，更不代表做得很好并养成了专业思维习惯。

例如，学电视应用专业，即使把书本啃烂，也做不出片子；学英语，即使过了英语专业八级考试，能否与外国人顺畅交流也是个未知数；学统计学，即使考了满分，知道了大部分概念，也不一定能从定量的角度分析出选手的出场顺序是否会影响最终的排名，即使分析出有影响，也不一定能分析出影响系数有多大；学化学，即便有机化学、无机化学、物理化学、生物化学等科目的成绩都不错，也不一定会做蔬菜的农残检测；学金融，即使知道了什么是金融、什么是市场、什么是中央银行，也未必会炒股或者理财。

以上情况用一句话来总结就是，从"知道"到"做到"，其实就是学习层级从知识到技能与意识的转化。

那么怎么实现从"知道"到"做到"的飞跃呢？怎么快速习得一个新的技能呢？一项技能怎么达到高手级别呢？技能学习有其背后的原理和方法。先讲一个真实案例。

2011 年我加入中粮集团旗下 B2C 业务公司——中国食品，负责中国食品商学院的整体筹建，同时承担商学院 4 个分院之一的营销学院的日常管理工作，因为我是做销售出身也做了多年的营销咨询。但是我讲的第一个课跟营销并没有什么关系——"如何制作专业 PPT"。因为当我快速地把中国食品商学院的整体建设方案发给老板时，老板认为我的 PPT 做得不错，逻辑清晰，版面整洁，重点突出，相对于公司里他见过的其他人做的 PPT 都更能吸引他，于是就安排我去给大家讲如何制作 PPT。

为了有效提升大家的 PPT 制作水平，我总共进行了 3 次探索和尝试。

第一次，按照知识点来讲。

因为我从来没有讲过如何制作 PPT，于是我找了一家专业培训机构的讲师来讲。讲师来了一天，从 PPT 的每一个工具栏讲起，但是讲完之后学员和老板都非常不满意。不满意主要反映在两方面：一个是培训结束后的现场评价分数很低；另一个是在后来的实际工作中，大家并没有什么进步。

于是老板鼓励我说："不用找外面的培训机构了，你就自己来讲。把你做 PPT 的方法与技巧教给大家就行，如果大家都能有你的水平或者你一半的水平，那也将是我们公司在集团里的一个差异化优势。"当然，我知道老板有鼓励的成分，但是大家水平不高也是事实。

第二次，按照工作场景来讲。

于是我开始整理课程。通过整理课程我发现 PPT 里包含的操作技能太多了，而且有很多操作技能是在多年实际操作过程中发现的，在任何一本书里都没有看到过。于是我换了一个思路，不是从每一个工具栏讲起，而是从大家较常用的工作场景切入，讲大家较常用到的一些功能与操作方法。例如，在企业里大家较常见而且通用的场景就是写工作总结，于是我就以如何写一份工作总结为例，把所有相关的 PPT 制作技巧嵌入其中，从如何制定逻辑框架、如何转化文字、如何美化图片、如何优化图表、如何制作动画等讲起。前期总共组织了两期公开课，现场反馈非常好，这也激发了我。当需要组织第三期的时候我决定先暂停一下，看看大家在实际工作中是否有进步，然后再考虑是否继续。

因为我负责营销学院，所以我经常会收到营销团队每个月的工作总结报告。培训结束后一段时间，我看过报告后发现：大家的水平基本上没有明显提高，也就是说，结果是学和没学区别不大。我无比诧异：为什么呢？课堂上我觉得自己发挥得不错，现场学员的反馈也不错，那为什么在实际工作中没有改进呢？于是，我调研了几个学员，获得的反馈是，"当时觉得你讲得挺好的，也学会了，但是一到工作中，就忘了那个操作技巧，工作又比较忙，没有时间为了一个操作技巧到处去问，而且不一定能找到懂的人，所以就又回到了老样子"。

第三次，我增加了反馈的环节。

根据调研结果，我决定改变一种培训管理方式。这个课是一个内部公开课，大家都自愿免费参加，因为有了前面两期好的口碑做铺垫，所以报名 PPT 制作这个课的人并不少。这次我在上课前提出了一个要求：通过奖罚来鼓励大家提交作业。课后很多学员提交了作业，我对每一份作业都给予了反馈。从后来的实际效果来看，大家的 PPT 水平有了长足的提高。这个课也成为我在中粮集团内部讲得最多的一个课，绝大部分的内部课我都会按照这个方式去培训学员并要求他们提交作业。甚至 PPT 课成为我在很多老同事记忆中的标签，我离开集团多年后还被请回去讲过几次。

通常情况下，PPT 制作是一个技能课。学员如何快速习得这项技能呢？

我们总结出了技能学习的 3 个核心环节：学习、练习、反馈。我们进一步将其提炼为"1-7-2"模型，即对一项技能的掌握，10%来自对技能的学习，70%来自实践，20%来自针对性的反馈。经过多次验证后，我们发现这个模型适用于绝大多数的技能学习。

（一）学习

对于学会某项技能，学习只占到了 10%的价值，此价值在于我们知道了一项技能的基本流程。

如何学习呢？模仿。模仿是人的本能反应，孩子会说话，其实是模仿成人，孩子为人处世的方式，均是模仿身边人的行为。无论是参加培训还是自学，有人示范要比单纯讲理论步骤的效率高出很多倍。要想快速提升某方面的技能，首先要找到一个可以模仿的标杆，不仅要能够为你讲解知识方法，还要能够给你做出示范，因为这会成为制约技能学习效率的一个关键因素。

因此，要想快速习得某项技能，找一个"好师傅"很重要。"好师傅"不仅仅是技能好，更重要的是，他要愿意给学员示范，因为这是学员是否"学得好"的第一步。

（二）练习

因为技能的学习目标是"会做"，所以必要的、大量练习是掌握一项技能的基础。对于学会某项技能，练习占到了70%的价值。如果缺乏基本的练习保障，那么要想精通一项技能是有一定挑战的。

如何练习？刻意练习。以练习羽毛球为例，要想羽毛球技术达到较好的水平，我们就需要针对羽毛球的基本动作做大量的刻意练习，包括发球、网前球、挑高球、杀球、接杀球、吊球、高远球、勾球等。什么是刻意练习？就是针对每个动作做大量的练习，一个接着一个练习，直到达到熟练标准。

对于技能学习的刻意练习阶段，我们可以遵循一个原则：僵化—优化—固化，也就是先去"依葫芦画葫芦"，先不要"依葫芦画瓢"，看着葫芦先把葫芦画好。先照搬照抄，临描模仿，学会基本的模式，一定不要急于创新。当你已经学完所有基本步骤且掌握其关键后，再基于自身情况做优化，也就是"依葫芦画瓢"。最后一步是形成自己的风格，形成自己独有的模式特点。

任何一项技能的掌握都离不开大量的刻意练习。因为"知道"、"做到"和"做得很好"之间有很大差距，刻意练习是影响技能提升的第二个关键因素。如果没有基本的练习，那么想要提升技能就只能依靠天赋了。

（三）反馈

反馈对于掌握某项技能的价值贡献占到了20%。反馈是帮助我们修正偏差的重要方式，再多的练习如果没有反馈，我们也很难达到很高的水平。

如何反馈？针对性反馈。有人说这部分包括了分享、交流等。分享、交流等都只是形式。在现实中影响一项技能真正掌握的关键就是针对性反馈。针对性反馈对于一项技能的掌握，是关键。就像音乐选秀节目中一样，很多学员在最后都表达了对于导师的真挚感谢，那些音乐导师只是通过一两首歌的演唱指导，就真的能够给学员带来那么大的价值吗？答案是肯定的，其价值在于针对性反馈能让选手知道哪里有问题，可以精进优化。

对于某些技能和某个高层级段位的人来说，"高手"的一句点拨值千金。也许你刻苦训练很久都不得要领，而"高手"的一句话便让你醍醐灌顶，豁然开悟。

对于一项技能来说，如果想要快速习得，需要遵循 1-7-2 法则，包括模仿性学习、刻意练习、针对性反馈。

问题一：1-7-2 的三个环节中，哪个环节更重要？

从贡献值来说，也许很多人的第一反应是刻意练习更重要，因为刻意练习的价值贡献比例为 70%。其实三个环节都很重要，任何一个环节没有做好，实际技能都很难有质的提升。

在现实中，真正影响一个人技能达到熟练程度的关键是刻意练习，即如果缺乏基本的练习保障，要想熟练掌握一项技能是很难的，所以在行业中有"一万小时"定律。一万个小时虽然是一个虚数，但表达的是任何一项技能的熟练掌握都离不开大量的刻意练习。

影响一个人是否能够到达某个领域"金字塔塔尖"的核心因素，是针对性反馈，当然一切还是以大量的刻意练习为前提。这就是为什么会有"名师出高徒"的谚语，因为只有在一个专业化的公司，你的专业技能才能真正得到提升。这也是技能学习中，"好师傅"的真正价值所在。

问题二：对于 1-7-2 法则，在实际练习中怎么推动？

既然各自贡献值分别是 10%、70%、20%，是否意味着如果我想花一个月习得某项技能，那么我应该先花 3 天来模仿性学习，然后花 21 天刻意练习，再花 6 天找"高手"针对性反馈？

其实，从我们的经验和研究结果发现，一项技能的习得，在推动中较高效的方式不是线性的，而是螺旋式的方式。所谓线性的方式就是先花 3 天学习，再花 21 天练习，再用 6 天反馈，逐步推动。而螺旋式的方式是指，不用一次性把所有内容学完，而是尽你所能先学习其中的一部分内容，然后就去实践，在实践中一定会碰见不会的问题，此时赶紧找师傅请教，经过师傅点拨之后，再去大量刻意练习，直到学会为止。学会一部分内容后再去学习下一部分内容，再去实践，再找师傅反馈。我们将这种学习技能的方式称之为技能学习的螺旋式提升（见图 6-29）。

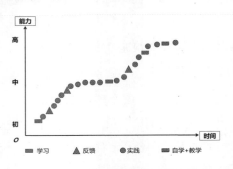

图 6-29　技能学习的螺旋式提升

问题三：所有技能的学习，1-7-2 的比例有变化吗？技能的习得和知识有什么关系？

首先，1-7-2 只是一个经验的虚数值。其次，不同技能的各自比例也会有差异。

经过大量实践和研究，我们将技能分为三大类，包括运动技能、人际技能与认知技能，之所以进一步细分是因为三者对于知识储备的要求是不一样的，如图 6-30 所示。

图 6-30　技能的分类

运动技能：如驾驶、弹吉他、打球等，以肢体运动为主的技能统称为运动技能。这些技能不需要讲太多理论基础，运动技能的掌握关键在于刻意练习和针对性反馈。

人际技能：包括访谈、销售、演讲等，以人与人之间的沟通交流为主的技能统称为人际技能。人际技能对于知识的要求要高于运动技能。简单来说，在沟通之前如果能够学习一些沟通的基本常识和方法再去练习，那么效果会更好。

认知技能：包括做培训、写报告、做设计等，以大脑的内在认知能力提升为主的技能统称为认知技能。认知技能对于知识的储备基础要求很高。例如，要想写一篇很有质量的作文，仅仅依靠大量地练习是不行的，要有有大量的阅读和基本的文学修养为前提，下笔才会行云流水。

技能的快速习得应遵循 1-7-2 法则：模仿性学习、刻意练习、针对性反馈。这个过程更高效的推动方式不是线性的方式，而是螺旋式的方式。其中，刻意练习是能否熟练掌握某项技能的关键，而制约其是否能够成为"高手"的因素是针对性反馈的质量。

四、意识的改变

曾经有位 HR 问我："我现在遇到了一个难题，不知道如何将我们企业文化在公司落地？"

我问："你们做了哪些工作？遇到了什么问题？"

HR 回答："自从老板提出我们的企业文化一年多来，我们总共做了 4 个方面的工作。其一，我们把企业文化内容制成卡片，人手一张；其二，我们把企业文化内容制成一个文化背景墙，每个人的工位上还张贴了一张缩小版；其三，我们对企业的行为标准做了解读，并制作成口袋书，人手一本；其四，我们到每一个团队去做宣讲，做到了全覆盖。但是老板去各地视察的时候发现，他所提倡的企业文化完全没有落地，大家都没有按照企业文化所提倡的那样去做。我还能做什么呢？"

我回复："我本人不是专业从事企业文化工作的，但是我曾经从学习技术的角度对企业文化做过研究，先讲一个真实的案例，再说我的理解。"

我曾经在可口可乐工作多年，离开后我发现了一个现象：当某一天出现一个可口可乐负面新闻，大家由此怀疑可口可乐的产品质量的时候。可口可乐的所有员工，哪怕是已经离开公司的前员工，特别是那些干满三年以上且不是被动离职的员工，基本上都会非常坚定地认为这个情况一定不是可乐工厂生产环节出了问题。

这是一种企业文化吗？这是非常厉害的企业文化。

从我进入可口可乐的第一天开始，直到我离开可口可乐，从来没有人对我说过：以后一定要对可口可乐忠诚，一定要相信可口可乐的品质和品牌。我离开的时候更加没有人来叮嘱我。但是为什么我们会有这种认知和行为表现呢？

说几个小的细节。可口可乐在所有新员工入职的时候都会带新员工到工厂参观，但绝对不是走流程式的参观，而是带新员工参观整个工厂的每个生产环节。每位新员工会亲眼看到一瓶饮料的诞生：从原材料进厂，到一瓶饮料成箱出厂，它整个生产环节都是在一个完全密闭且透明的空间中进行的，有严密的检查环节。看完所有的流程每位新员工都会确信，不要说异物哪怕是一只蚊子都不可能飞进去。每个月可口可乐会有家庭日，会把员工的家属邀请到工厂里参观，并介绍可口可乐的发展史。这便有了我们上述的行为体现。

从学习技术的角度分享我们对于企业文化的理解。从学习内容分类来说，企业文化属于意识。什么是意识？就是他不仅需要知道，需要做到，而且还要形成潜意识。什么是潜意识？就是不加思考的行为。

为什么第一家企业的企业文化很难落地？因为从他的实施方式来看，他们完全把企业文化当作知识来宣讲，4 种行为能够达到的目标都是"知道"的层面。而可口可乐是按照意识的分类来做企业文化的，所以养成的是一种思维方式。

成人的意识很难改变。我们把意识分为 3 个层次，叫作意识的三重门：盲点、误区、习惯，一层比一层深，如图 6-31 所示。

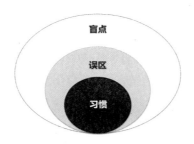

图 6-31　意识的三重门

第一层为盲点。盲点就是因为行业或领域的差异而导致的认知空白，对某个领域完全不了解，就像司机开车总有看不见的地方，我们就称之为盲点。例如，很多人不知道自己为什么生气，这是因为我们不了解自我认知所造成，这是意识的盲点。

第二层为误区。误区是指我们有一定的知识和经验，但是因为一开始的错误导向，形成了错误的刻板印象，对某个事物怀有偏见，带有局限性。

我曾为一家知名小家电企业做导购员的人才培养。2013 年开始，中国的"空净"（空气净化）与"水净"（水质净化）市场开始成长起来。很多企业都想在这个新市场分得一杯羹，而作为知名的家电企业，它拥有雄厚的技术实力，更想先行一步抢占垄断性市场份额。因此，该企业推出了一个"试用 30天，不净则退"的活动，也许在目前看来这已经是一个通用性的市场策略了，但在当年这还是很有开创性的。

当年的企业员工几乎都认为"试用"政策只是公司推广的噱头，因而实际推广这个活动的人很少。几乎所有的导购员，都没有把这个政策告诉顾客。

所以，这个活动结果在一开始非常不理想。

后来，我们召开了区域大会，向所有人做了解释和说明。营销有一个基本的销售漏斗模型，如图 6-32 所示。简单来说，一个产品想要实现好的销售，需要打通以下几个关卡。首先，需要有足够多的人知道，这就是为什么很多品牌会花巨额费用去做广告；其次，要很多人能够看到你的产品，这就是为什么要去做渠道的铺货；最后，顾客要愿意试试。对于新产品，如果没有试用环节，特别是对于价格并不便宜的产品，很多人是不会贸然购买的，这就是手机品牌都要开设很多大的店面吸引顾客试用产品的原因。只有当试用满意后，顾客才会最后决定购买。

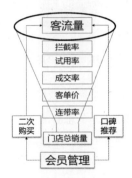

图 6-32 销售漏斗模型

"试用"这个策略解决了前面多个指标的问题。因为"空净"与"水净"市场刚刚新起，这个时候如果我们能够把产品推向所有或者绝大部分有购买意向的顾客家中，那么从竞争性的角度来说顾客购买我们产品的概率是非常大的，由此便会形成垄断性竞争优势。

我们列举了另外一个反例，如果京东和淘宝规定，网购不能退货，你网购的概率就会极大降低，电商的销量也会直线下滑。这是试用的价值所在。

对于"试用"认知的偏差，属于典型的误区。我们都是根据以往的传统经验和刻板印象来做判断的，这样很容易造成认知的误区。

第三层叫习惯。基于以往丰富的成功经验得出结论，这个方式是对的，由此我们便形成了自己的习惯，而这个习惯是难以改变的。习惯，没有绝对的对错，但是在某些场景中，我们需要改变自己的习惯，改变我们以往的意识。

从学习分类的角度来看，所有要学习的内容可以分为三类：知识、技能、意识，我们都期望把我们认为标准的内容赋能给学员，但这其中最难的是意识的改变。

如果某个意识只是因为盲点，其实很好改变，因为盲点是因为不知道、不了解所造成，所以只要做好知识的普及，就能形成改变。如果某个意识属于误区，则改变的难度就加大了，因为他已经形成了刻板印象。

笼统来说，对于意识的改变，经过我们的探索、研究和实践，**我们总结出了三种有效的方式，分别是体验、案例、论证。改变意识的较好方式是体验，案例次之。下面主要介绍体验和案例。**

（一）体验

基于亲身经历，从而改变一个人的认知，称之为体验改变认知。其背后的心理学理论可以用"自我认知统一"来解释，通俗点理解即没有人会怀疑自己，没有人会和自己的经验与数据打架。

本章开篇我们以"12 星座"为例说明了学习的过程及学习的关键。从我们所做的几十场线下活动的数据来看，98%以上的人都是认可我们的结论的。设想一下，如果一开篇，只是讲了一个道理，那么我相信还是会有人认可我们的结论，但是这个比例一定不会太高，而且认可的程度也一定不一样。

拿生活的场景来举例可能更易理解。以开车为例，在开车的时候副驾驶最危险，所以交规中规定不满 14 岁的儿童不能坐在副驾驶。在后排座，大多数的孩子喜欢坐在后排座的中间，因为这个地方视线好，但是这个地方非常危险。有一次，因为前方事故，我踩了急刹车，刹车之前速度非常快，急刹的时候我家的小朋友从后排直接窜出到了前排，脑门直接顶到了中控台，幸好无大碍。从此以后，小朋友都会主动坐在后排座的两边，而再不用苦口婆心的叮嘱了。

体验改变认知被很多行业应用得淋漓尽致，较突出的一个行业是老年人的保健市场。很多老人天天去体验按摩、领鸡蛋，过不了多久，老人的钱包就会全部换成保健品或保健器材。

所有的问题我们都能换位思考吗？答案是否定的。我们都在强调换位思考，其实真正的换位思考是很难做到的。因为你没有真正经历过他所经历的，所以你很难真正体会他当时的想法，这背后都是意识的形成与改变的问题。我们都对自己的经验深信不疑，所以体验是改变认知的最好方式。其实从意识形成的角度来说，正是我们的经验养成了我们的思维习惯，所以改变意识最好的方式是体验。

（二）案例

改变意识的第二种方式是案例。案例，其实也是一种体验，只是案例是别人的体验，对于我们来说是一种来自社会角色的间接体验。在某些我们不能亲自体验的情况下，间接体验对于改变意识同样极具成效。

案例，同样对中国企业的发展产生了重大影响。在改革开放初期，中国市场还是卖方市场，在那个年代很多营销人认为企业的销量关键是广告，而不是产品质量。当时中国很多企业不太注重产品质量。2008 年 7 月 19 日，苹果公司在中国的首家零售店在北京三里屯开业。在看了苹果公司的零售店布局和装修后，中国很多营销人认为"老外"真是"钱多人傻"。因为偌大的店面中，只是摆放了几张开放式展台，而每张展台上居然只是放了几个产品，而且由顾客任意试玩。反观我们国内厂家的做法：一张不足 1 平方米而且带玻璃罩的展柜中，最少陈列了十多部手机。谁的利用效率高？当然是我们国内的厂商了。但是后来的数据，让中国很多营销人，特别是手机行业的人都很吃惊：苹果公司凭借不到 20% 的市场份额，拿走了整个行业近八成的利润。于是，中国很多营销人明白了体验的价值，其他各大厂家也开始像苹果旗舰店一样布局体验店。这个企业的案例，带来了一个行业甚至是一个社会的意识改变。

案例，在某些企业内部也叫对标。案例和标杆，其背后的逻辑其实是一样，通过别人的体验和实践，来推动和改变我们的认知。案例，首先让我们看到的是希望和可能性。我们认为不可能的事情，别人已经做到了，而且做得很成功，由此对我们形成刺激，让我们愿意打开思维的大门，其次才是告诉我们方法。

为什么很多人会加入传销组织？除了利益的巨大诱惑，更重要的是得有人相信。传销组织的模式基本上都是案例教学，如某某官员或教授放着高官厚禄不要，而投身到这场利国利民的事业中来；某某草根通过自己的奋斗，如今拥有了豪车和豪宅，这就是案例的作用。

案例背后的心理学依据，是社会角色。同样一句话，关键看这句话是谁讲的很重要，这个人是谁很重要，某位名人讲的和某个不知名的小角色讲的同一句话，我相信大家对这句话的认可度是完全不同的。为什么我们喜欢引用名人名言？这是因为它背后是社会角色，它起到的是案例和标杆的作用，所以改变意识时所选案例的权威性非常重要。

2017 年我们曾为某家世界 500 强企业做课程开发项目，其中一个知识模块是关于社群运营的，需要通过案例来做讲解。基于企业方的要求，除了企业内部案例还需要有企业外部的案例，于是我们选取了小米的社群运营案例。但是在汇报时对方的领导认为小米的案例不合适，虽然小米开创了中国社群营销的先河，但是 2016 年小米手机的出货量只有 4150 万台，出现了 36%的下滑。经过 2016 年市场基础的夯实，2017 年底，小米手机出货量达到 9000 万台时，而小米的社群运营案例也再次被放入到课程的案例中。这背后，是社会角色的影响，也可以简单地理解为成败的影响。

在人的成长过程中，意识的改变最难。但是对于企业的中高层来说，认知结构完善的关键却正是意识的改变。因此，体验与案例成了改变意识的首选手段，是人才培养中轮岗与游学的价值。

参考文献

[1] 伊查克·爱迪思. 企业生命周期[M]. 王玥, 译. 北京: 中国人民大学出版社, 2017.

[2] 洛林·W., 安德森等. 布卢姆教育目标分类学修订版（完整版）——分类学视野下的学与教及其测评[M]. 蒋小平, 张琴美, 罗晶晶, 译. 北京: 外语教学与研究出版社, 2009.

[3] R. M. 加涅, W. W. 韦杰, K. C. 戈勒斯, J. M. 凯勒. 教学设计原理[M]. 王小明, 庞维国, 陈保华, 汪亚利, 译. 上海: 华东师范大学出版社, 2007.

[4] 安德斯·艾利克森, 罗伯特·普尔. 刻意练习, 如何从新手到大师[M]. 王正林, 译. 北京: 机械工业出版社, 2017.

[5] 丹尼尔卡尼曼. 思考, 快与慢[M]. 胡晓姣, 李爱民, 何梦莹, 译. 北京: 中信出版社, 2012.

[6] 彼得·圣吉. 第五项修炼: 学习型组织的艺术与实践[M]. 张成林, 译. 北京: 中信出版社, 2009.

[7] 斯蒂芬·罗宾斯, 蒂莫西·贾奇. 组织行为学[M]. 王震, 李原, 译, 北京: 中国人民大学出版社, 2016.

[8] 王钦. 人单合一的管理学——新工业革命背景下的海尔转型[M]. 北京: 经济管理出版社, 2016.

[9] 克拉克, 奥斯特瓦德, 皮尼厄. 商业模式新生代（个人篇）: 一张画布重塑你的职业生涯[M]. 毕崇毅, 译. 北京: 机械工业出版社, 2012.

后　记

　　人才培养项目设计的原理和方法分享完了，但对大家来说，这只是一个开始。按照成人学习的策略来讲，大家只是做了"输入"，接下来更重要的环节是"内化"和"输出"，这里我有几点行动上的建议分享给大家。

　　1. 动笔：自己用脑图画一下整本书的知识结构图（其实我们已经给了每个章节的脑图）。

　　2. 动脑：思考一下，看完整本书，对你触动最大的 3 个知识点是什么？你如何将其应用在自己的工作场景中？

　　3. 动口：将你的收获分享给同事或者朋友，听听他们的反馈。

　　4. 动手：马上将所学知识应用在你公司的人才培养项目的设计之中，先"僵化"，再优化。

　　在写这本书的过程中，我获得了很多朋友的帮助，在这里再次感谢澳优集团、中粮集团等企业提供的案例支持。

　　非常感谢电子工业出版社晋晶老师的帮助，她对本书给予了非常专业的建议。

　　此外，本书所书写的内容只是我们有限经验的总结，能够萃取的样本与经验也极其有限，无论是方法的完善度、工具的操作性还是案例的丰富度都还有很大的提升空间。期待大家更多的探索、实践与分享。

　　我们一直在设计和实施人才培养项目，后续将会有更多的经验和案例不断产出，将来这本书也会不断升级迭代，或者也会出版实操的案列集。希望和各企业一起共创，一起探索加速人才成长的方法与经验，助力企业快速发展，为中国的人才发展贡献自己的点滴智慧。

　　本书已有配套线上版权课程，如有兴趣进一步了解、有建议、问题想要交流、有优质案例想要分享，那么都欢迎联系我们。

- 李恩怀微信

- 张婷微信

- 罗霞微信